マンガでわかる！林修の「話し方」の極意

林修 監修

宝島社

Osamu Hayashi's Essence of Speech

はじめに

自分では言った記憶もないような、「いつやるか？　今でしょ！」というフレーズがきっかけとなり、現在では本当にさまざまな新しいお仕事をいただけるようになりました。２０１３年に監修させていただいた別冊宝島『林修の仕事がうまくいく「話し方」講座』もそのひとつです。本書は、同誌のエッセンスを、オリジナルのマンガストーリーにのせて再構成したものになります。

かつて、僕は予備校で受験生を相手に授業するだけでしたが、今ではそれ以外の方の前でもお話しする機会を多数いただくようになり、慣れないシチュエーションでの「トーク」を求められるケースも増えました。そんなときに、いつも満点とは言えないものの、ある程度対応できているのではないかと思われるのは、これまで僕自身が「話し方」「伝え方」にこだわり、さらには日本語そのものに深い興味を持って生きてきたからではないかと思っています。

本書では、ビジネスシーンを中心とした「会話」や「コミュニケーション」に役立つ知識を、手軽に読みやすいマンガのストーリーとともに解説しています。みなさんがもし、「コミュニケーション」というものに、不自由さやストレスを感じているなら、ぜひ一度、本書を読んでいただければ幸いです。

コミュニケーションは、相手があるものですからひと筋縄ではいきません。でも、うまくコミュニケーションをとるための話し方というものは存在します。

本書を通して、ひとりでも多くの人たちが、コミュニケーションの悩みを解消でき、むしろ自信を持つきっかけとして役立つことができれば幸いです。

はじめに――2
主な登場人物――6
プロローグ　「伝える」言葉と「伝わる」言葉――7
【解説】「伝える」言葉を固定せず「伝わる」言葉を探そう――26
話し方の極意・フレーズ集1　初対面で印象をよくするための挨拶・あいづち――30
第1章　「権威トレンド」とは――33
【解説】相手が聞く耳を持つ「権威トレンド」を探し当てよう――58
話し方の極意・フレーズ集2　基本の質問フレーズと話し方の小ワザ集――64
COLUMN　「申し訳ございません」は正しくない？――66
第2章　「話し方」と「ツール」の選択――67
【解説】「話し方」も「ツール」も相手に合わせて攻略しよう――88
話し方の極意・フレーズ集3　頼みごとをするときに添える「気遣いのひと言」――94
COLUMN　「事実認識」と「価値判断」――98

第3章 「聞く姿勢」と「正しい日本語」――99
【解説】「聞く姿勢」と「正しい日本語」で相手の信頼を得よう――120
林修の日本語集中講義 Part1――126
COLUMN 「了解致しました」を使うのは失礼？――134

第4章 「コアタイム」とクレーム対応――135
【解説】「いつ」「どこで」「誰から」伝えるか考える――156
話し方の極意・フレーズ集4 ここぞの場面のお詫び・断り・辞退フレーズ――162
COLUMN 相手を低く評価するときのテクニック――166

第5章 プラスの感情表現――167
【解説】「褒めどころ」を見極めプラスの感情表現を磨こう――194
話し方の極意・フレーズ集5 心から「ありがとう」を伝えたいときに――200

エピローグ コミュニケーションの達人をめざして――203
【解説】話し方に自信を持ち伝わる言葉の好循環を――214
林修の日本語集中講義 Part2――218

主な登場人物

森《もり》 若葉《わかば》

片桐企画の総務担当。社員への気配りが上手で、みんなから慕われている。

奥田《おくだ》 祐一《ゆういち》

大手広告代理店・博宝社を辞め、片桐企画に入社。性格は真面目で不器用。

五十嵐《いがらし》 晃《あきら》

片桐企画のチーフディレクター。人格者で、部下からの信頼は厚い。奥田の上司。

小山《こやま》 大成《たいせい》

片桐企画のディレクター。入社４年目。仕事の能力は高いがプライドも高い。

取引先

山倉《やまくら》 昌幸《まさゆき》

老舗の家具メーカー・外山製作所の事業部長。

松浦《まつうら》 佳名子《かなこ》

ゲーム事業に力を入れるカクプスの広報部長。

プロローグ

「伝える」言葉と「伝わる」言葉

企画・広告・制作「片桐企画」
片桐企画
奥田祐一（30歳）
フンフン
ガチャッ
失礼します！

おお 来たか
おはよう ございます
みんな ちょっといいか
今日からウチで 働いてもらう 奥田祐一君だ
あの博宝社で 『リッチヌードル』の プロデュースも 手がけたやり手の 広告マンだから みんなも話を 聞いてみると いい
これから お世話に なります
どうぞよろしく お願いいたします
……
あっ 席はそこの 空いている席に 座ってくれ

よろしく
よろしくねー
『リッチヌードル』って一カ月で800万食売れたヤツでしょ？
プロデュースってCMも？
奥田さんがコピー考えたの？
すごいね！ なんで転職したの？
わいの
わいの
ねーねー
ほかにはどんなの手がけたの？
お前らそろそろ席に戻れ！
はーい
ウチは見てのとおりちっぽけな会社だ
博宝社と違ってな
チーフディレクター
五十嵐 晃（43歳）
バサッ

早速働いて もらうぞ
これに目を 通しとけ
資料
SOTOYAMA
外山製作所
はい
外山製作所？
老舗《しにせ》の 家具メーカーだ
中小企業向けの オフィス家具が 事業の柱だが
ここのところ 業績は悪化
今年テコ入れ した新製品に かけている
ウチでは 雑誌広告を依頼されて いるんだが
あわせて 他の媒体への 広告戦略の 相談を受けている

近々 先方の事業部長と打ち合わせがある
資料を読んで広告イメージと提案書をまとめてみろ
はい わかりました
この案件 奥田さんにやってもらうんですね
カチャッ
ディレクター
小山大成（26歳）
それ 僕がとってきた仕事なんです
頼みますね
あ…はい 大丈夫ですよ

……
カタカタ
カタカタ
早速バリバリ働いてますね！
総務担当
森 若葉（？歳）
大丈夫ですか？
はい
博宝社でもよくやっていたので
…

奥田さん なんで ウチなんかに 転職したんですか？
ちょっとお 〝なんか〟って ことは ないでしょう
……
博宝社より ウチのほうが いい会社かも しれないわよ
ねー 奥田さん！
んなわけ ないじゃない ですか
あ そうだ
社員証できた ので ここに置いて おきますね
ありがとう ございます
ハーイ
カタカタタカタ

SOTOYAMA 提案書
外山製作所
外山製作所さんの広告イメージと提案書まとめました
おお！早いな
どれどれ
パラ
……
見栄えはまだいい

でも 原稿は全然ダメだ！
バサァッ
！
自分でよく読み返してみろ
これ誰に向けて書いている？
なぜダメなんだ？
いつもと同じようにつくって……
言葉が踊ってるよ
……っ
パラ…

アライアンスだの
コンバージョンだの
セグメントだの
横文字ばっかり並べて
セグメント
アライアンス
インバウンド
バッファ
コンバージョン
MA 提案書
リテラシー
老舗の家具メーカーの
おっさんが読んで
きちんと伝わると
思うか？
いいか コンペで
業界人相手に
見てくれのいい企画書を
競うわけじゃない
博宝社時代を
いつまでも
引きずるな
『伝える』言葉ではなく
『伝わる』言葉で
つくり直せ
言葉を向ける相手を
間違えるな

すみません
これから小山と別件の打ち合わせで直帰だから
明日までに直しておくように
行くぞ 小山
はい
はあ…
！

お疲れ様です
お先に失礼します
カタカタカタカタ
カタカタ
初日から大変ですね
お疲れ様です
あ…
森さん
コトッ
はい
だいぶてこずってしまって……

『伝える』言葉ではなく『伝わる』言葉で
あ 見られてましたか
お恥ずかしい……
いえ
ウチの会社の社訓なんです
この言葉
社訓？
おー
若葉さん早速奥田くんのことしごいてるんですか？
若葉さんはウチの教育部長だから
しっかりと聞いておくんだよ
ちょっと～変なこと言わないでくださいよ！

じゃあ 俺たちも あがりますね
おつかれ～
お疲れ様でした
みんな いい人たち ですね
本当にそう 思っていますか?
ひょこっ
え?
あ…
はい

いい人って
人と人との
関係性において
いい関係が
築かれているか
どうかで
絶対的にいい人とか
悪い人とかって
たぶんいないんだと
思います
確かに…
そうかも
しれませんね
いい関係を
築くには
いい
コミュニケーションを
とれないといけない
でも言葉って
伝えたいと思っても
驚くほど
伝わらなかったり
します
人それぞれ
性格も経歴も知識も
興味の対象も違うから
誰に向けて
書いている?

人それぞれ違う…か
そうですよね
わたしは奥田さんの仕事のことはよくわかりませんが
ウチの会社ではこれだけは気をつけようっていつも言っているんです
『伝える』言葉ではなく『伝わる』言葉で
はい!

自分の『伝える』言葉を固定せずに
相手の状況や変化に応じて『伝わる』言葉を探そう
どんな仕事でもまずはそこからだって

僕に足りなかったことですね
頑張ってみます
いえ ごめんなさい
偉そうなこと言ってしまって
森さんってほんとに教育部長だったたんですねー
ははは
もー
違いますよ！

【解説】

「伝える」言葉を固定せず「伝わる」言葉を探そう

「話し方」「伝え方」は生きていくうえで大切な技術

「コミュニケーションがうまくとれない」「人間関係に疲れてしまった」――。

そんな悩みをよく耳にします。

コミュニケーションは、社会生活を送るうえで非常に大事なものであり、同時に非常に難しいものでもあります。しかしながら、コミュニケーションに関して学ぶ機会は、驚くほど少ないのが現状です。高校までの授業で、コミュニケーションにあたる科目はありませんし、大学でも「コミュニケーション論」という名称の学問を学ぶ人はごく一部でしょうから、日本ではあまり重要視されてこなかったのではないでしょうか。

しかし、おそらくはみなさんの多くが日常生活で感じているように、「コミュニケーション」、より主体的にとらえれば「話し方」「伝え方」というものは、生きていくうえで非常に大切な技術であり、もっと注意を向けて鍛えていくべきものなのです。

相手に期待するのはNG
言葉は驚くほど「伝わらない」

コミュニケーションを成功させるには、少なくとも自分の伝えたいことが相手に伝わらなければ話になりません。

では、具体的にどのようにすればいいのでしょうか。

多くの人が勘違いしているのが、「正しいことを言えば相手に通じる」「誠心誠意話せばわかってもらえる」といった思い込みです。しかしこうした相手依存の考え方では、コミュニケーションを成功させるのは難しいでしょう。実際には、言葉は悲しいくらい「伝わらない」ものなのです。

伝えたい相手に向けて言葉を選択することが重要

ここで、ひとつ例を挙げてみましょう。

ビジネスシーンでは、部下にさまざまなことを教える場面がありますが、みなさんはどのように説明していますか？

たとえば、新入社員に「できるビジネスマンというのは、ホウ・レン・ソウが１００％できる人間だ」と説明したとします。しかし、その言葉だけでは、当然ながら「ホウ・レン・ソウ」の意味を知らない人には伝わりません。

「ホウ・レン・ソウ」とは、「報告・連絡・相談」の略ですが、これを常識用語のように使ってしまうのは、自分の知っていることは当然相手もわかるはずだと思い込んでいるからです。あるいは、「このくらい知っていて当然、知らないほうが悪い」という意識が働いてしまって口にする人もいるかもしれません。しかしそのような思い込みや意識は、コミュニケーションにおいてプラスに働くことはまずないといっていいでしょう。

自分の言葉を理解してもらうためには、相手の脳のなかでその言葉のイメージがきちんと広がって、「なるほど」と思ってもらう必要がありますから、独りよがりではいけません。マンガのなかで主人公の奥田が、相手のことを考えずに横文字ばかり並べた提案書をつくりましたが、これなども典型的な例といえます。普段、自分がよく使っていたり、周囲で耳にしている言葉などは、つい誰にでも伝わるだろうと錯覚しがちですが、伝えたい相手は誰なのかを意識し、その人に向けて言葉を選択することが重要なのです。

つまり、相手の世代や職業、関心事、得意分野、そのときの状況などに応じて、自分の「伝える」言葉を固定せずに、相手に「伝わる」言葉を探す習慣をつけることが必要といえます。そのスキルをベースにして、次章で説明する「権威トレンド」を的確につかむことが、コミュニケーションを成功させる鍵になるのです。

初対面で印象をよくするための挨拶・あいづち

入社時や異動時、初めてのクライアントと会うときなど、初対面の相手はどんな人物なのかわかりません。まずは好印象な挨拶を済ませたうえで、相手の考えや好みがわかる質問ができるとよいでしょう。また、相手が気持ちよく話せるようなあいづちを上手に打つことも大切です。

挨拶

どうぞよろしくお願いいたします

ビジネスのさまざまなシーンで使える基本フレーズです。初対面では、自己紹介が終わったあとに少し雑談などを挟みつつ、「どうぞよろしくお願いいたします」と最後に付け加えると、会話のひと区切りにもなります。

ご縁ができて、これほど嬉しいことはありません

初対面の相手と交渉がまとまったときに、「ご縁」という言葉を使って喜びを表すフレーズ。末尾を「光栄なことはありません」としても構いません。

ほんの駆け出しですので、ご指導たまわりたく存じます

若手社員や中途入社の社員が、目上の人への自己紹介のときなどに使うフレーズです。多少の経験を積んできた人が言うことで「これからさらに頑張ろう」という意気込みを感じさせる好感度の高い挨拶です。

お見知りおきください

名刺交換のあとや、自己紹介のあとに付け加えるとよいフレーズ。多くの人と会うビジネスの場では、相手の名前や顔を覚えるのもひと苦労です。少

しでも相手に自分の印象を残したいというときに、ひと言添えると効果があります。

ご一緒できるとは光栄です

一緒に仕事ができる喜びと、相手への敬意を表すフレーズ。特に尊敬する目上の人や取引先の相手に対して、仕事を始めるタイミングで使うとよいでしょう。

その他のフレーズ

- ▼ご高名はかねがねうかがっております
- ▼これをご縁に今後ともよろしくお願いいたします
- ▼一度お目にかかりたいと思っていました
- ▼このたび御社の担当となりました

あいづち

おっしゃるとおりですね

あいづちのエースともいえるフレーズです。この言葉を自然に使えるようになるのは社会人としての第一歩。主張の的確さや正しさに感服しているという意味があり、敬意を伝えることもできる定番のひと言です。

さすがですね

相手の話を聞いて感心していることを伝える定番のあいづち。単独で使うのはもちろん、「よくご存じですね、さすがです」というように、具体的にが「さすが」なのかをつけ加えることで信憑性《しんぴょうせい》が増します。

目のつけどころが違いますね

相手をここぞ、と持ち上げたいときに使うフレーズ。ただし、あまり軽々しく使いすぎると相手に嘘っぽく聞こえてしまうので注意しましょう。

なるほど

どんな相手にも使える便利なあいづち。たとえ納得できないと思った話でも、はっきりと肯定しているわけではありませんから、ひとまず「なるほど」と相手の話を受けて時間をつくり、自分の中で考えをまとめるためにも利用できます。

勉強になります

どんな相手にも使える定番フレーズ。あいづちとして相手から聞いた話が、初めて聞くことであったり、自分よりも優れた考えを教えられたときに言いましょう。相手の自尊心をくすぐることもできます。

まったくです

「まったく」は「完全に」という意味ですから、相手の話を完全肯定する言葉。さらに肯定を強めたいときは「まったく、おっしゃるとおりです」など他のフレーズを組み合わせて使ってもいいでしょう。

お察しします

愚痴を聞いたあとに使うと効果的なフレーズ。相手のつらい気持ちを汲んで、同意するというニュアンスがあります。特に目上の人に対しての丁寧な受け答えとして使えるでしょう。

頼もしいですね

「将来が頼もしいですね」「若いのに頼もしいですね」といった具合に、未来への期待を表すあいづち。なにが……ということを言わなくても、話全体に対する返しとして通じます。相手が子どもや孫などの話をした際にも使うことができるフレーズです。

それからどうされたのですか

さらに話の続きを引き出したいときに使えるフレーズ。ただ「はい、はい」と聞いているより、こちらから話の続きを促す積極的な態度を示すことができるため、「聞く姿勢」としても相手からの印象がよくなります。

その他のフレーズ

▼鋭いですね
▼いやそれはおもしろいですね
▼興味深いお話ですね
▼驚きました
▼それは、よほどのことですね

第1章

「権威トレンド」とは

翌日
パラ
奥田！
はい
……
よくなったな
ここの
新ターゲットの
視点もいい

ありがとうございます
五十嵐さん！
内線1番お願いします
もしもし……はい
はい ええ
それもちょうど今……
ガチャ
今日 外山製作所の山倉事業部長とお会いすることになった
奥田も同席してもらうぞ
……！はい！
小山 16時からの打ち合わせ
お前も行けるな？
大丈夫です

じゃあ それまでに ここ修正して おけ
はい
外山製作所
SOTOYAMA
SOTOYAMA
いやー 急な話で すみませんね
お時間大丈夫で よかった!
山倉事業部長
いえ ちょうどこちらから ご連絡しようと 思っていたところ でした
まあ 座って 座って!
あ…
山倉さん その前に

こちら新しく御社の担当をさせていただく
奥田です
奥田です よろしくお願いいたします！
あ…はい これはどうも
で！
五十嵐さん 早速だけど提案書はどんな感じに？
はい 資料と一緒にご説明できればと思います
さすが五十嵐さん！期待してますよ
SOTOYAMA 提案書
ふむ…なるほど
確かに少子高齢化とともに中小企業の数は減少しているが高齢者関連の施設や住宅は右肩上がり
そこを新しいターゲットに考えてはどうかというわけだね

でも 老人ホームでウチの机を使ってもらうのは難しいだろう……
いえ これは高齢者向けではなくあくまで事業者のスタッフ向けです
高齢者関連の施設には必ずスタッフルームが併設されていますし
訪問介護などの小規模な事業所を多店舗展開している事業者も多いです
新しいターゲットのひとつとして力を入れてもいいのではないでしょうか
ふむ
面白いね
私もいい案だと思います
ありがとうございます

実はこの案すべて奥田が考えたんです
奥田は以前博宝社に在籍しておりまして
『リッチヌードル』も手がけた人間でして
ほう博宝社
へー！リッチヌードル！
あれはいいCMだよね！
確か優良CMの賞とかをとっていたような……
松原クンちょっと検索を！
カチャカチャカチャ
あ…あった！これだ

特別な時間なんていらない
日常のほっとする時間を、少しだけ特別に
女優の広瀬充希がまたいい演技するんだよね
RICH NOODLE
実物はどうだった？
いえ
あの仕事はもともとスチール広告で CMの話は後から決まったんです

僕はスチールを担当してCMには立ち会ってなくて……
そうなんだ それは残念だったね
でもコピーはあなたが考えたんでしょう?
はい
特別な時間なんていらな
日常のほっとする
おおやっぱりすごいね!
いやー楽しみだ!
ウチの広告でもひとつ売れるやつを頼むよ!
優秀な部下が入ってきて五十嵐さんもうかうかしていられないんじゃない?
あっはっはっ

ははは
SOTOYAMA
喜んでもらえてよかったな
は…はい
山倉さんはミーハーだからなー
……っていうか奥田さんCMはやってなかったんですね
あ…はい
僕のいた部署では実際の仕事は企画までで

その先は下請けの制作会社やフリーの方に任せちゃうことが多くて
へー
いーなー
企画だけしかやらなくていいんだ
……
小山
ウチとは扱う案件の規模も数も全然違う
気を遣う相手だって多い
すべての案件を制作までできるわけないだろ

お前みたいな態度じゃ博宝社に入っても一日でクビだぞ
あ…あの
片桐企画では下請けは全然使わないんですか？
ウチだってほかの会社に協力してもらうことはある
でも ほとんどは内製だ
奥田
ひとつだけいいか？
ウチの会社で〝下請け〟って言葉を使うのはやめろ

一緒に
ひとつのものを
つくるのに
上も下もない
お前にそんな意識は
なくても
言葉が意識を
変えてしまうことも
あるからな
“下に出してる”って
感覚になると
制作物への責任感が
なくなる
すみません
気をつけます……
タタン
タタン
タタン
タタン

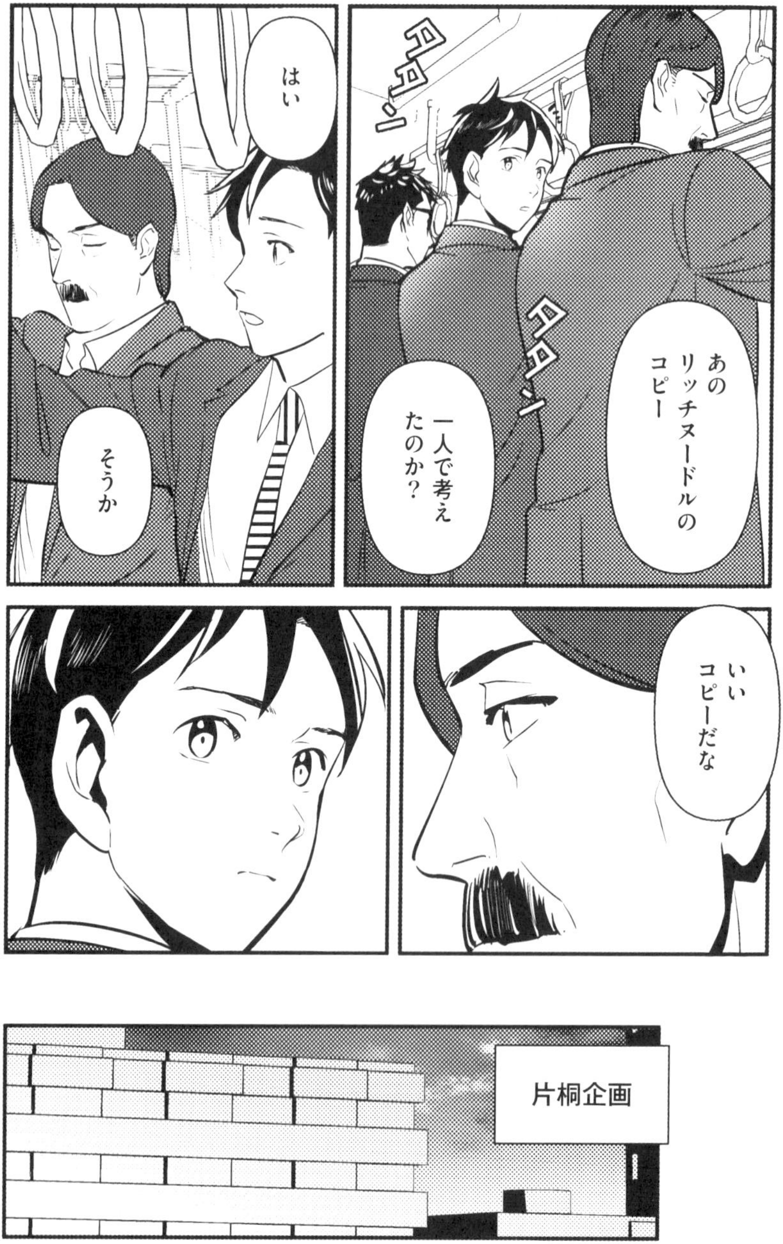
あの
リッチヌードルの
コピー
一人で考えたのか?
はい
そうか
いい
コピーだな
片桐企画

お先です
お疲れ様
お疲れ様です
奥田 明日でいいぞ
いえ もう少しやっていきたいので
そうか あまり無理するなよ
カタカタカタ
連日遅くまでお疲れ様

あ
若葉さん……
どうしました？元気ないですね
いや
うまくいかないなぁと思って
……
なるほど
五十嵐さんが
はい

五十嵐さんが怒るのももっともです
確かに〝下〟に出すってなんだか……
何も考えずに使ってしまっていました
前の会社でも人間関係でうまくいかなくて転職したのにまた失敗しちゃったみたいです
小山さんにも嫌われてるし……
……
もじ
嫌われてるわけじゃないと思いますよ
え？でも
奥田さん
「権威トレンド」って言葉聞いたことありますか？

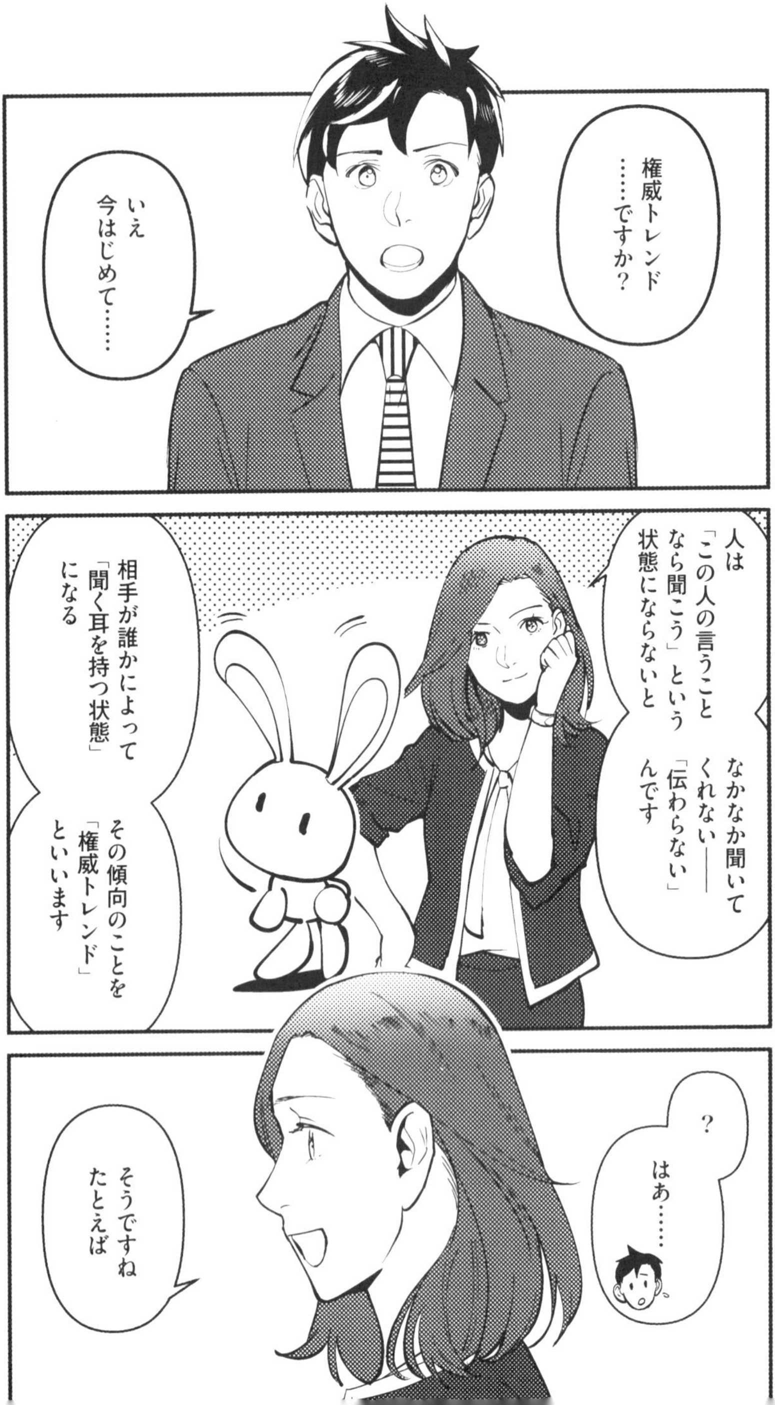
権威トレンド……ですか？
いえ 今はじめて……
人は「この人の言うことなら聞こう」という状態にならないと
なかなか聞いてくれない――「伝わらない」んです
相手が誰かによって「聞く耳を持つ状態」になる
その傾向のことを「権威トレンド」といいます
？
はあ……
そうですね たとえば

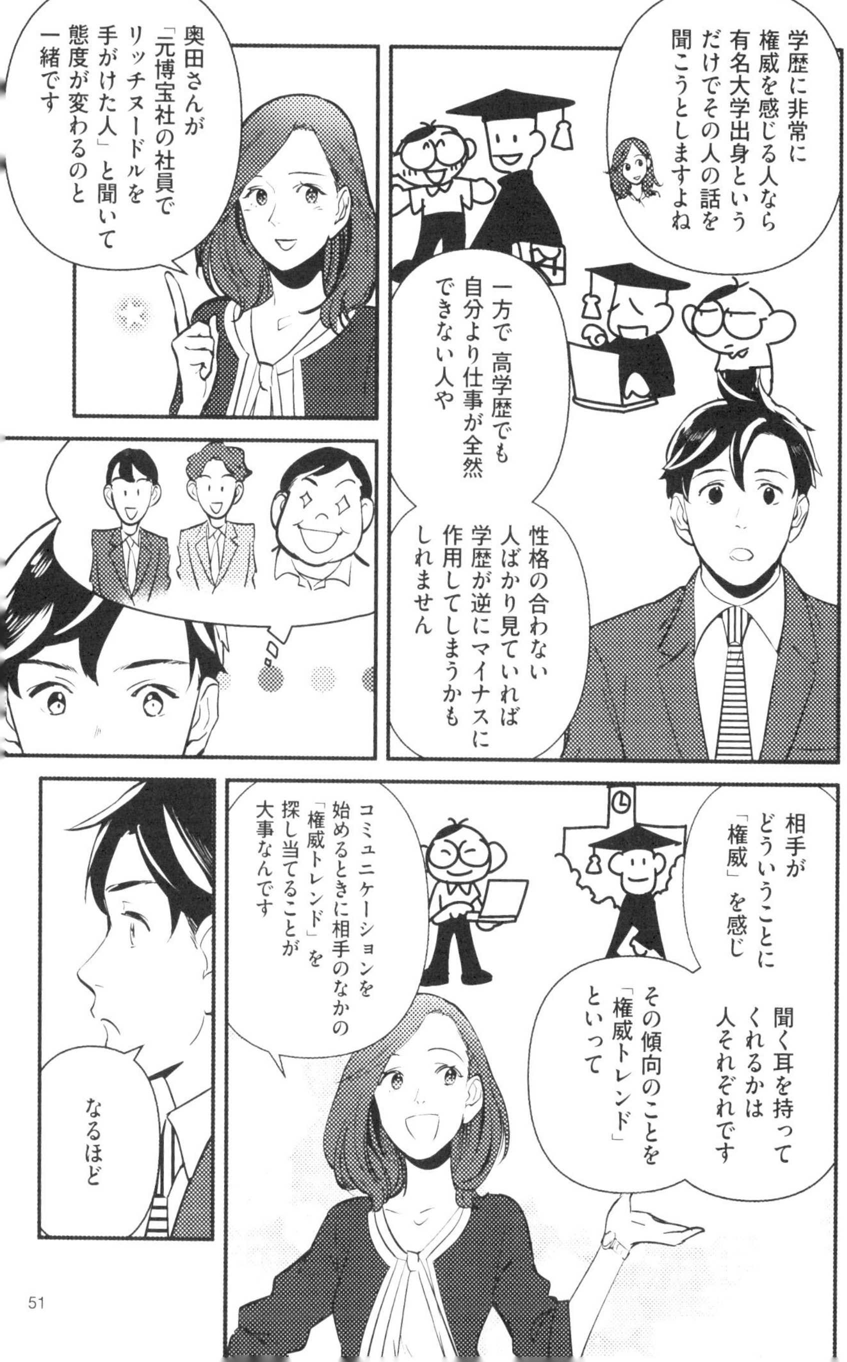
学歴に非常に権威を感じる人なら有名大学出身というだけでその人の話を聞こうとしますよね
一方で 高学歴でも自分より仕事が全然できない人や
性格の合わない人ばかり見ていれば学歴が逆にマイナスに作用してしまうかもしれません
奥田さんが「元博宝社の社員でリッチヌードルを手がけた人」と聞いて態度が変わるのと一緒です
相手がどういうことに「権威」を感じ
聞く耳を持ってくれるかは人それぞれです
その傾向のことを「権威トレンド」といって
コミュニケーションを始めるときに相手のなかの「権威トレンド」を探し当てることが大事なんです
なるほど

小山さんの「権威トレンド」を理解することが必要なんですね
はい
……あ！
ちょっといいですか
は？
じゃーん
はい！
飲めますよね？
は？
螺旋 BEER 螺旋
螺旋 BEER
プシッ
カンッ
あ…
はい
カンパーイ！
ごっ
ごっ
ごっ
ごっ
ごっ

プハーッ
さてと
螺旋 BEER
この缶知ってますよね？
メキ
あ！
これすごいですよね
最初CMで見たときびっくりしました
前の職場でもすごく話題になりましたよ
あら前の職場でも？
ええ
この商品がすごいのは広告のメインターゲットをビールを飲む男性の奥さんにしたところですよね

空き缶の山に困っている女性が簡単につぶしていくCMを見たときは 本当に斬新だなあと思いました
奥さんに限らず今は女性もビールを飲む人が多いですし この缶 高齢者にも優しいですよね
実はこれを考えたの
五十嵐さんと小山さんなんです
え!
そうなんですか!?

ええ
博宝社ではないけれど大手広告代理店からの仕事で
飲料品メーカーと一緒に商品開発から加わって
でもこれはクライアントの意向でウチで手がけた仕事だって言えないの
厳しい機密保持の契約も交わしているから社内の人間しか知らない
お金はたくさんもらったけどね
そうだったんですか……
二人でアイデアを出し合ってつくり込んだ広告だから
安くても自分たちの仕事だって言えるほうが本当はありがたかったんだけど……
ウチみたいな規模の制作会社だとよくある話で

そんなわけで二人とも博宝社みたいな大手広告代理店にあまりいい印象がないの
特に小山さんはまだ若いから敵対心を抱いているようなところもあって
ウチの会社で“下請け”って言葉を使うのはやめろ
一緒にひとつのものをつくるのに 上も下もない
……なんて言っていいか
よくわからないんですが……

これから五十嵐さんや小山さんと一緒に仕事ができることを嬉しく思います
二人ともっといろんなことを話したい
二人の「権威トレンド」意識してみます
若葉さんありがとう

【解説】

相手が聞く耳を持つ「権威トレンド」を探し当てよう

「正しいかどうか」よりも「誰が言っているか」

いよいよ、本書の根幹をなす「権威トレンド」について説明していきましょう。

みなさんは、二人の人間から同じ言葉を聞いたとき、どちらも同じように受け取ることができるでしょうか？　たとえば、二人の上司から同じ注意を受けたとしましょう。Aさんから注意されたときは反省してあらためようと思うけれど、Bさんから注意されたら逆に腹が立って反発してしまう——そんな経験はありませんか？

アメリカの哲学者、ラルフ・ウォルドー・エマーソンは、「人は見ようとするものしか見ない」と言いましたが、同じように人は「聞こうとするものしか聞かない」のです。そのため、コミュニケーションを始める際には、まずは相手にどうしたら聞く耳を持ってもらえるかを考えなくてはなりません。

この「聞く耳を持っている状態」とは、「この人の言うことなら聞こう」という状態です。これは言い換えれば、その相手に「権威」を感じているということになります。このような気持ちになれば、相手の言っていることが正しいかどうかは、案外、重要ではなくなります。つまり、「正しいから聞く」のではなく、「聞こうと思う相手が言っているから聞く」という、関係の逆転が起こるのです。

コミュニケーションは始まる前に終わっている!?

では、人はどういうところに権威を感じるかといえば、「人それぞれ」です。だからコミュニケーションは難しいのです。

マンガのなかでもありましたが、たとえば学歴に非常に権威を感じる人であれば、有名大学出身の人に対しては積極的に「聞く耳を持って」くれるかもしれません。しかし、叩き上げで下積みを経験してきた人にとっては、学歴が逆にマイナスに作用してしまう可能性だってあります。たとえば自分より高学歴でもプライドばかり高く、まったく役に立たない人を見てきたとしたら、「そんな人たちの話など聞く気にはなれない」となるのです。

こういった権威を感じるそれぞれの傾向を、私は「権威性向性」＝「権威トレンド」と名づけました。この権威トレンドによって、話す前からコミュニケーションの第一段階は「終わって」いるのです。

ですから、いざコミュニケーションを始めようと思ったら、まずこの相手のなかの「権威トレン

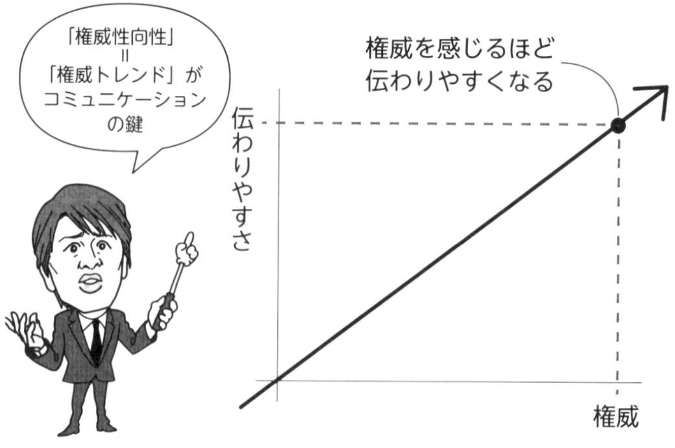

「権威性向性」
＝
「権威トレンド」が
コミュニケーション
の鍵
権威を感じるほど
伝わりやすくなる
伝わりやすさ
権威

ド」を探し当てる必要があります。そして相手が自分に対して「この人の言うことなら聞こう」と思ってもらえるような状況をつくり上げていくことが重要になるのです。

権威トレンドを構成する5つの分野

権威トレンドをとらえるためには、まず相手をよく観察する必要があります。人の言動には、必ず権威トレンドに関するヒントが隠されています。特に優越感やコンプレックスを抱いている分野については、強い権威トレンドが発生しますので、注目して観察することが大切です。

権威トレンドの分野としては、おおまかに分け

相手がどういうことに「権威」を感じ
聞く耳を持ってくれるかは人それぞれです
その傾向のことを「権威トレンド」といって
コミュニケーションを始めるときに相手のなかの「権威トレンド」を探し当てることが大事なんです

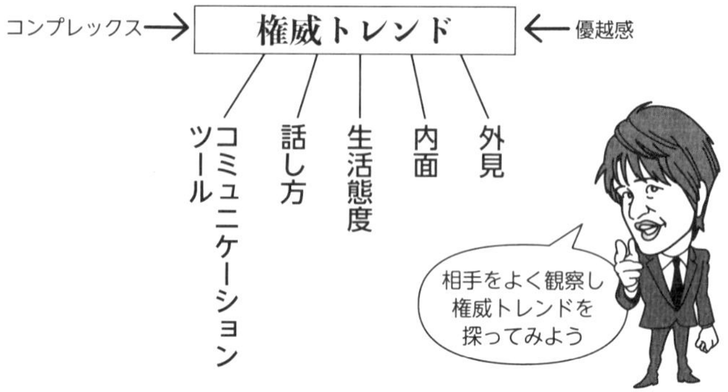

て「外見」「内面」「生活態度」「話し方」「コミュニケーションツール」の5つが挙げられます。

このなかで意外と重要なのが「外見」です。おしゃれだと自覚している人は、基本的にダサい人の話をあまり聞きたがりません。内面を知る前に、最初に相手の判断材料として入ってくるのは外見ですから、特に男性は身なりをきれいにしておいたほうがよいでしょう。

また、「生活態度」は、特にビジネスシーンで出会う相手の「権威トレンド」をとらえるときに重要な項目です。たとえば、時間を守る人は、相手が遅れてきた時点で聞く耳を持たなくなるでしょうし、机を整頓している人は整頓できない人を能力がないとみなしがちになります。ところが逆もあって、時間にルーズな人は相手の遅刻も大目にみますし、整頓できない人は相手の整頓能力についても興味を持たないことが多いです。

「自分と同じ価値観の人」に権威を感じる

これらからわかることは、「自分と同じことをするタイプに対して評価が高くなる」＝「権威を感じる」ということです。そのため、こうした日常生活における相手の言動をとらえることが、コミュニケーションを円滑に進めるうえで重要になってきます。

世の中のコミュニケーションの達人たちは、こうしたことを理解しているので、日常のうちに自分の意見が通りやすくなる状況をつくり上げています。上司、同僚、部下、取引先、友人、恋人、家族――それぞれの関係性において、相手の権威トレンドを把握して合わせ、「この人の言うことなら聞こう」という状態に持っていくのがうまいのです。

人の「内面」は、個人的な能力や性格、気質などですから、なかなか相手に合わせることは難しいでしょうが、「外見」や「生活態度」など、心がけ次第で変えられることもたくさんあります。そのほかの「話し方」や「コミュニケーションツール」も同様ですが、こちらについては次章で詳しく説明していきましょう。

基本の質問フレーズと話し方の小ワザ集

よく知らない相手の「権威トレンド」を探し当てるには、悪い印象を与えずに質問することも大切です。ここでは、そんな基本の質問フレーズとともに、相手に好印象を与える話し方の小ワザも紹介しましょう。

質問

○○さんは部署内で何を担当されていらっしゃるんですか?

相手のことをよく知るために、まずはその人の名刺をきちんと見ながら、仕事での立ち位置を聞き出しましょう。共通項などがあれば、話題も広がります。また、業務の担当を聞くことで相手の専門分野がわかるので、権威トレンドもつかみやすくなります。

ずっとこの業界にいらっしゃるんですか?

新卒入社なのか、転職して長いのか短いのか、この質問でその人の経歴などを知ることができます。また、新卒入社で長く働いている人と、そうでない人では、「転職」に対するとらえ方も異なりますから、自身の経歴を伝えるときは注意しましょう。

ご出身はどちらでいらっしゃいますか?

出身を聞くことは、その人のルーツを知ることにもなりますから、権威トレンドの把握に役立ちます。出身地が同県や近県であれば親近感も湧きますし、都会出身か地方出身かがわかれば、話す内容のヒントをつかめるでしょう。また、出身を聞いて卒業した大学を答える人なら、「学歴」が権威トレンドである可能性が高いと判断できます。

お酒はお好きでいらっしゃいますか?

プライベートについていきなり立ち入った質問をすると嫌がられることもありますが、これは無難な質問です。好きと答える人には「では、今度ご一緒にいかがですか?」と誘うこともできますし、そのときの反応で相手との距離感や接待が有効であるかも知ることができるでしょう。

話し方の小ワザ

■相手の名前を入れる

○○さん、お疲れ様です ○○さんにこの企画を頼みたい

ちょっとしたことですが、日常の挨拶や社内でのコミュニケーション、作業の依頼などのときに、相手の名前を入れるかどうかは大きな違いです。相手の目を見て、名前を入れて挨拶することだけで好印象を与えますし、部下に仕事を頼むときに名前を入れることで「相手を認めている」という意思表示になります。また、社外の名刺交換をしただけの相手であれば、きちんと名前を覚えていることが伝わります。親しくない相手ほど、名前をきちんと入れて会話しましょう。

■数字を流暢《りゅうちょう》に使う

今年の売上げは8542億円、対前年比7%の伸び率……

長い数字を一気に言うテクニックは人を圧倒し、賢いという印象を周囲に与えることができます。プレゼンなどで使うと効果的です。

■プラス要素を入れる

今日はお話しできてとても楽しかったです

取引先などから辞去するときに、「今日はありがとうございました」と済ませても問題ありませんが、「とても楽しかった」とつけ足すことで好印象を残します。ちょっとした言葉をプラスすることで、印象は大きく変わるのです。

COLUMN

「申し訳ございません」は正しくない？

みなさんは、目上の人や取引先の相手に対して謝るときに、どのような言葉を思い浮かべるでしょうか？

「申し訳ございません」「申し訳ありません」

これは、社会人であれば頻繁に耳にする言葉ですが、実は正しい表現とはいえないかもしれません。

「言い訳のしようがない」という意味なら、「申し訳ない」が本来の形です。

「申し訳ない」は、「弁解」を表す「申し訳」に「ない」がついた形容詞です。活用すると「申し訳なくない」や「申し訳なかろう」となり、「申し訳」だけをとりだして「ございません」をつけるのは誤用とされています。

しかし、現在の辞書によっては「申し訳」を名詞として扱うものもあるようです。それなら誤用とはいえなくなります。

言葉遣いに厳しい人には、「心よりお詫び申し上げます」「大変失礼いたしました」など、別の言葉をもって謝罪するほうがよいかもしれません。しかし、日常的に「申し訳ございません」を使っている相手に謝罪するときは、こちらも「申し訳ございません」と謝って問題ないでしょう。

もっとも大事なことは、正しい日本語ではなく、相手に合わせ、誠意が伝わるように言葉を選ぶことなのです。

第2章

「話し方」と「ツール」の選択

五十嵐さん ちょっと ご相談が……
ディレクター
戸田明菜(30)
新規案件か
ぺらっ
はい ゲーム会社なんですよね
わたし スマホゲームとか さっぱりだし
タイトル 聞くだけで つまらなそう だし……
なになに 『あの〝闘職〟シリーズが 帰ってきた 今度の主人公は 地方公務員だ』 か……
闘職
地方公務員
あの"闘職"シリーズが帰ってきた
今度の主人公は地方公務員だ
つまんなそう ですよね

カタッ
えーっ!!
闘職シリーズの新作出るの!
ビクッ
ビクッ
キィ…
と…
そういえば小山ゲーム好きだったよな
有名なタイトルなのか?
有名も何も!超人気シリーズですよ!!
『革命裁判』の口コミで広まって前作の『贋作ギャラリー』は500万ダウンロード突破ですよ!
革命裁判
500万!?
贋作ギャラリー
そんなに人気なのか!

このシリーズの面白いところはですねウンチクがすごいんです！
もちろんゲームシステムもうまくできていて知らぬ間にその職業のマニアックな知識が身につくんです
ゲームやりながら賢くなれるって最高じゃないですか？
贋作ギャラリー
『革命裁判』で細かい裁判の手続きまでバッチリ覚えたし
二作目に『革裁』の続編がくると思ったらまさかのまったくの異業種！キュレーターですよ！
裁判長!!
革命裁判
そして三作目に地方公務員持ってくるとはうまいところつくよな

ニヤ
役所の書類とか異常に詳しくなって住民票取りに行くときとかニヤニヤしちゃいそうだなー
ニヤ
小山さん…
……じゃあ
せっかくだからこの案件小山にやってもらったら?
ガタッ
いいんですか!
あ
これカクプスの製品なんですね
知ってるんですか?
はい
同じ部署で担当している人間がいました
PRESS RELEASE
株式会社 CAKPS
闘職
20XX/00/00

ゲーム会社ではなかったはずですが……
カクプスは元々人材派遣会社でしたが
二年前にゲーム事業にも参入して最初に出したのが『革命裁判』だったんです
裁判の裏側を知るだけでなくユーザー同士が有罪と無罪の二手に分かれて裁判するとか画期的な要素も多くて
有罪
VS
無罪
クイッ
ネットの口コミですぐに火がついたんですよ!
革命裁判を語るスレ
名前：名無しさん
('Д')('Д')('Д')('Д')
名前：名無しさん
初めてやったときはシビれたなー
FUWA
ネットで物議を醸したナポリ風ピザ裁判とか…面白くないですか?突然のピザ対決ですよ!?
ペラ
ペラ
PAKI
よしじゃあ

この案件は小山と奥田であたってくれ
え?
奥田さん別にゲーム詳しくないでしょ
……はいスマホゲームはほとんどやったことなくて
だったら僕一人でも……
ウチはどんな案件でも必ず複数であたってもらう
忘れたわけじゃないだろう?
なら戸田さんと組んだほうがいいんじゃ……
やらせてください!
ラセンビールの話
若葉さんに聞きました

あの商品…あの広告はすごいです
前の職場でも話題になっていました
へー
博宝社でも？
……なんですか急に
ラセンビールはほとんど五十嵐さんのアイデアですよ
そんなことはないよ
小山さん
この会社で僕はまだ新人と一緒ですが一日も早く役に立てるようになりたい
勉強させてください！
……っ

……そんなこと言われたらさすがに嫌味ですよ
じゃあこれで決まりね！
二人にこれまでのメールのやりとり転送しておくわ
担当者変更の電話もしておく！
もしもし お世話になっております 片桐企画の戸田です
実はですね……
社内に闘職シリーズのファンがおりましてその人間が以降担当させていただくことに……ええ……
ええ…はい…そうなんですよ
戸田が人に仕事をふるときはせいせいするぐらい早いな
奥田さん
無料で遊べますから『革命裁判』と『贋作ギャラリー』やってみるといいですよ
GAME START
はい

♪
革命裁判
GAME START
すごい……!
今のスマホのゲームってこんなにすごいんですか……
おおっ
絵だけじゃないですよ!
カタカタ
ん。
カタカタ…
……って戸田さん!
だましましたね
ガタッ
あら何が?
しれっ。
来週の月曜日の打ち合わせ二人でお願いねー
?

どうしたんですか？
どうした〜？
別件で出てきま〜す♪
メール見ればわかりますよ
あ…はい
転送メールがたくさん……
スィ…
戸田さま
お世話になっております
株式会社 カクフス
ズラーーッ!!
うわ…ながっ！
どのメールも文章がぎっしりだな
だろ
戸田さんゲーム案件だからじゃなくて
クライアントが面倒くさそうだから押しつけたんだよ

でも 読むと内容は きちんとしてますよ
こちらに理解して ほしいから 丁寧に順を追って 説明している感じ……
エッ…!?
えー! 奥田さんって すごいですね
僕だったら 長いだけでろくに頭に 入ってこない
ムリムリ〜
こういう 長いメール 送ってくる人の 気が知れない ですよ
自分の話が 長いのは いいんだ
自分の話が 長いのは いいんだ
自分の話が 長いのは いいんだ
んー 僕は正直
毎回二行くらいの メールで 結論だけ書いてくる 人のほうが 苦手ですね……
怒ってるんじゃ ないかって 不安に思いますし

ずいっ
それはきっと
『頭括型』と『尾括型』の違いですね
若葉さん!
どういうことですか?
話をするときもそうですが
はじめに結論を述べてからその根拠を示していく『頭括型』と
起承転結の起から順に説明して最後に結論を言う『尾括型』の二タイプがあるんです
へえ……タイプ…ですか
どう違うんですか?

『頭括型』の人には せっかちなタイプが 多いので 結論を先に言わないと 人の話を聞きたがらない 傾向があるの
突然の結論
頭括型
尾括型
逆に『尾括型』の人は 順を追っていくのが 好きなタイプだから いきなり結論を つきつけてしまうと 唐突だなと思って 話の理解度が 下がってしまうかも
どちらがいいって 話じゃないいんですよ
ほお!…
ただ そのタイプに 合わせた返答をしないと 伝わりづらいと いうことなんです

たとえば『頭括型』の相手に『尾括型』のメールを返してもイライラされて大事な情報を読み落とされる可能性が高くなってしまいます
戸田さんゲーム案件だからじゃなくて
クライアントがめんどくさそうだから押しつけたんだよ
僕は正直毎回二行くらいのメールで
結論だけ書いてくる人のほうが苦手ですね
逆もまた同じで『尾括型』の相手に『頭括型』のメールを返しても
いきなりの結論だと納得してもらえない可能性が高くなるわ
それでいえば僕は頭括型ですね
長いメール頭に入ってこないんだよな
僕は尾括型……かな
そして『闘職』のクライアントさんも尾括型の方なんですね

あと 直接会って
話すときは
速度も大事ですよね
そのとおり！
なでなで
わっ
なでなで
よくできました
小山さん！
早口の人は
相手がゆっくりマイペースで
話しているのを聞いて
イライラすることもあるし
逆に
ゆっくり喋《しゃべ》る人は
早口の人を
うるさいと感じる
こともあるし……
相手に
「聞く耳を持ってもらう」
ためには
話す速度を合わせるのも
大事なんです
小山さんが
入社したてのときなんか
本当に早口で
聞き取れなかったんですから
ねー
あ〜ハイハイ
もー
すみません
でしたって！
ははは

若葉さんてすごいです
僕は相手の話す速度に合わせようなんて考えたこともなかった……
奥田さんは意外と無意識にできてたタイプなんじゃないですか？
そんなことないです
どうせ僕はできませんでしたよ！
ほんとにね
奥田！
HAKUHOSHA

お前の長い説明を聞いてるとイライラする！
結論から教えてくれ
お前は本当にどうしようもないヤツだな！
俺に無駄なカロリーを使わせるな！
若葉さんの言葉をもう少し早く聞いていたら
前の会社を辞めることもなかったのかな
でも
辞めていなければ
奥田さん？

どうしました?
ひょこっ
若葉さんとも
あ
いえ!
かあぁっ
会えていないわけで——
別に
なんでも……
?

そういえば
若葉さんてどうしてそんなにコミュニケーションに詳しいんですか？
んー……
相手の気持ちをすぐに読み取れるというか……
そんなことないけど……
人より観察はしてきたかも
きちんと観察すれば
「伝わる」言葉のヒントはたくさん転がってますよ
観察……
若葉さんには秘密があるんですよ
秘密？
あ…小山さん！ちょっと！
クイーッ
どんな秘密なんですか？

きちんと
観察すれば
わかりますよ
あはははは
も～！！
余計なコト
言わないで下さい！！
仕返しです
若葉さんの……
秘密？

【解説】

「話し方」も「ツール」も相手に合わせて攻略しよう

「話す速度」を相手に合わせて変更する

前章に引き続き、権威トレンドについて詳しく説明していきます。

権威トレンドのひとつである「話し方」については、「話す速度」と「話す順番」に気をつける必要があります。

みなさんは、自分の話す速度を意識していますか？

自分で早口だと自覚している人は、ゆっくり話す人に対しイライラしたことはないでしょうか？　逆にゆっくり話す人は、早口の人に対してうるさいとか胡散臭《うさんくさ》いなどと思ったことはありませんか？

コミュニケーションというものは、話すペースが合わないと、内容を聞く以前に違和感を感じたり、うまく聞き取れなかったりして、話に集中できなくなってしまいます。赤ちゃんや耳の遠い高齢の方に話すときには、はっきりと「伝わる」ように話すと思いますが、それと同じです。まずは相手のペースに合わせて話すべきなのです。このことは意外と重要なので、意識して相手のペースをつかむようにしましょう。

「頭括型」or「尾括型」相手のタイプを見極める

次に「話す順番」ですが、マンガのなかでも紹介されていたように、人が話をする傾向として大

きく二種類のタイプに分けられます。ひとつは、はじめに結論を述べてからその根拠を示していく「頭括型」、もうひとつは起承転結の起から順に説明して最後に結論を言う「尾括型」です。

頭括型の人にはせっかちなタイプが多く、結論を最初に言わないとじれったく感じて、人の言うことを聞きたがらない傾向があります。逆に尾括型の人は、順に整理して話を追っていくのが好きなタイプなので、いきなり結論をつきつけてしまうと唐突に感じ、理解度も下がってしまう傾向がありま

す。こうした相手のタイプを見極めて、自分の話し方も変えることが大切です。
ただし、ビジネスシーンにおいては、プレゼンや商談など、複数人を相手に話をすることが少なくありません。当然ながら、いろいろなタイプの人が一堂に会します。その場合には、決定権を持っている重要人物の上司や役員が、頭括型なのか尾括型なのかをしっかりと把握して話すことが重要といえるでしょう。
いずれにしても、相手のいろいろな「話し方」に合わせて話をしていくということが、相手の権威トレンドをつかむうえで要点となってくるわけです。

ツールの選択がその後のコミュニケーションに影響

続いて、権威トレンドのひとつであり、相手とやり取りをするために欠かせない「コミュニケーションツール」について説明します。
ビジネスシーンにおいては、情報を伝達するためのさまざまな手段が存在します。直接対面はもちろん、電話やメールも頻繁に使います。どの手段に重きを置くかは人によって異なりますから、見極めが肝心です。

たとえば、直接会うことは交渉にはベストな手段ですし、まずは会わなければ話が始まらないという人も多くいます。逆に、物事がしっかりと進むまでは電話で済ませたいという人もいますし、緊急の用事以外は自分のタイミングで作業がしやすいメールで効率よく業務を進めたいという人もいます。

つまりその状況に最適で、かつ相手が好むであろうツールを選択しなくてはならないのです。これを間違えるとその後のコミュニケーションに影響しますから注意してください。

また、ワードやエクセル、パワーポイントなどオフィスソフトの選択についても同様です。たとえばパワーポイントを駆使する相手には、同じくパワーポイントを使って伝えるほうが効果的です。ワードを使って提出物を出せば、「この報告書は手抜きだ」と思われる可能性があるからです。

つまり、相手が自信を持って使っているツールを選択したほうが、伝わりやすく、評価されやすいのです。こういったビジネスで頻繁に使われているツールを、状況や相手に応じて巧みに使いこなすことこそ、一流の社会人として求められるのです。

SNSの活用で相手の権威トレンドをつかむ

また、コミュニケーションツールとして忘れてはならないのが、ツイッターやフェイスブック、インスタグラムなどのソーシャルネットワーキングサービス（SNS）です。

SNSについては、もはや説明するまでもありませんが、「人同士のつながり」を目的としたコミュニティ型のネットサービスです。個人の体験や感想などをSNSを通して気軽に発信し、それを多くの人が閲覧できます。

最近では、会社や取引先の人とSNSを介してつながることも珍しくなくなりましたが、SNSは相手の権威トレンドをつかむための情報の宝庫といっていいでしょう。もし仕事上でうまくやっていきたいと思う相手がいたら、その人が使っているSNSに参加することで、相手のさまざまな情報を共有することができます。もっとも、SNSによる発信はしていても、仕事関係の相手とはつながりたくないという人もいます。相手との距離感をはかりながら、公開している情報の収集から始めるとよいでしょう。相手の権威トレンドをつかむには、ひとつでも多くの情報を集めることが肝になるのです。

頼みごとをするときに添える「気遣いのひと言」

ビジネスの世界において、頼みごとで使う言葉はある程度パターンが決まっています。ちょっとしたひと言を添えるだけで印象をアップさせますし、逆にうまく使えないと周囲に未熟な印象を与えてしまいます。基本的な用語を集めましたので、場面ごとにさらりと使いこなせるようにしておきましょう。

社内

お手数をおかけしますが

頼みごとをするときに使われる常套句です。お願いをする相手に「お手間をおかけいたします」という意味で使いますが、実際にはそれほど煩わしい頼みごとでなくても日常的に使われる言葉です。

お忙しいのは承知しておりますが

上司や先輩の忙しさを気遣いながら頼みごとをしたいときの決めフレーズです。「お忙しいところ申し訳ない」と謙遜しながらも、「それでも今確認をお願いしたい」という懇願のニュアンスを伝えることができる言葉です。

今、お時間よろしいですか

相手も仕事をしている貴重な時間なのですから、その気持ちを表して、「今、お時間よろしいですか」とひと言添えましょう。丁寧な前置きが印象をよくし、物事を頼みやすくしてくれる言葉です。

ご都合がよろしければ

相手の状況や事情をうかがいながら、同時に相手に依頼する場合に用いる常套句です。相手とスケジュール調整をしたいときにも使うことのできる言葉です。

ご査収ください

「査収」とは、「金銭や書類、物品などをよく調べて受け取ること」を指します。ビジネスシーンでは、請求書の送付やファックスの送信などの際に添付する書面の文章によく用いられます。「ご確認ください」よりもかしこまった言い方です。

ご教示ください

「教示する」とは、「知識や方法を教え示すこと」を指します。上司や取引先の相手に対して、業務上の不明点や問題点などを確認したい場合に使えるフレーズです。「お教えください」よりもあらたまった言い方になります。

ご高覧ください

「目を通してください」という意味ですが、「ご覧ください」よりもさらに敬意が含まれた丁寧な表現となります。目上の人や取引先に対して、メールよりも実際の書面で使われることが多い言葉です。

ご一読いただければ幸いです

企画書や提出物などの確認をお願いしたいときに使える丁寧な依頼フレーズです。忙しい勤務時間に相手の仕事が増えることになるわけですから、「幸い」とつけて感謝を表しましょう。

その他のフレーズ

- ▼お邪魔でなければ
- ▼お差し支えなければ
- ▼ご確認ください
- ▼ご笑覧ください

社外

恐れ入りますが

頼みごとをするときの定番フレーズ。「すみません」と同義語ですが、「恐れ入ります」のほうが丁寧で気の利いたニュアンスになります。かしこまった表現なので、特に社外の人などに使うとよいでしょう。

お手を煩わせて恐縮ですが

「お手を煩わせる」とは、「相手に手間をかけさせる」という意味です。相手を立てた表現で、社外の人や上司にちょっとしたお願いをするときに気遣いが伝わります。

こうした言葉は、習慣にして自然に出てくるようになると気持ちのよいものです。

厚かましいお願いですが

「厚かましい」とは、「恥知らずで遠慮がない」という意味。つまり、「ずうずうしいお願いですが」と同じ意味の言葉になりますが、ビジネスで使うならこちらの表現のほうが丁寧で好ましいでしょう。

日頃のご厚意に甘えまして

思いやりという意味の「厚意」を使って、取引先の人などに頼みごとをするときの言葉です。社外文書の定型句としてもよく使われます。

ご高配をお願い申し上げます

「高配」とは、相手の気遣いや配慮を敬った言葉です。手紙や社外文書に用いられることが多く、特に年配の人や役職の高い人に使いたい言葉です。「ご高配願えませんでしょうか」よりもさらにあらたまった表現です。

ご配慮願えませんでしょうか

お願いする相手に、「こちらの立場や状況を察して依頼を受けてほしい」ということを丁寧に伝える言葉です。

さらにかしこまりたい場合や文書で用いたい場合には、「ご配慮賜《たまわ》りたくお願い申し上げます」なども使います。

よろしくご指導ください

お付き合いを始めるにあたって、年下の人が目上の相手に対して使いたい言葉です。文書では「ご指導、ご鞭撻《べんたつ》のほどよろしくお願い申し上げます」という言葉が定型句としてよく用いられます。

状況をお汲み取りいただきまして

「とても厳しい状況なので、助けるつもりでなんとか依頼を受けてほしい」という気持ちを伝える言葉です。内情を詳しく説明できないときに使うこともできます。

ご理解いただければまことに幸いです

こちら側の事情でそうせざるをえない場面で、相手の同意や理解を求める場合の定番フレーズです。

この言葉を使うことで、「恐縮しながらも、わかってもらえれば非常にありがたい」という感謝の気持ちを、前もって伝えています。会議や打ち合わせ、メールに添える文章など、社内外で使うことができます。

お力添えを賜りたく

大事な取引先やお客様、敬っている目上の人などにバックアップをお願いしたいときに、相手を立てて使う言葉です。文書でもよく使われます。

その他のフレーズ

- ▼ご迷惑かとは存じますが
- ▼ご相談させていただきたいのですが
- ▼お力を貸していただけないでしょうか
- ▼不《ぶ》躾《しつけ》なお願いで申し訳ありませんが

COLUMN

「事実認識」と「価値判断」

みなさんは、「事実認識」と「価値判断」という言葉を知っていますか？　これは、物事を論理的に説明するために欠かせない、「話し方」の基本概念ともいえるものです。

たとえば、冷蔵庫に６本のビールがあるとします。ここでいう事実認識とは、「冷蔵庫にビールが６本ある」という動かない事実のこと。それに対して価値判断とは「(ビールが６本しかないから）そろそろ追加しなくてはいけない」という、個人がその事実に対して判断した結果です。

この二つの概念の区別を知らないと、「事実」と「個人の判断」を混同して話をしてしまうことになります。つまり、「個人の判断」を「事実」として話してしまう状態が起きるのです。

これは、正確な情報が求められるビジネスの場では、特にタブーとされることですが、プレゼンなどの下手な人などは、しばしばこれらを混同した説明をしてしまうようです。結果、相手に正確な情報が伝わらないばかりか、へたをすれば大きなミスを生んでしまう可能性があります。

世の中の優秀な人というのは、この二つを必ず明確に分けて物事を考え、論理的に伝えるようにしています。今まで意識していなかった人は、注意するようにしましょう。

第3章

「聞く姿勢」と「正しい日本語」

CAKPS
カクプス株式会社
というわけで 闘職シリーズは素晴らしいです!
ふふふ
ありがとうございます
松浦広報部長
松浦部長がおっしゃれるように ニュースサイトへのウェブ広告を中心に展開されてはいかがでしょう?
そうね
内容も金額もほぼ想定していたとおりなので こちらで進めていただいても結構ですが……
うーん
何か問題ございますか?

これはまだ公表していない情報なんですが――
闘職シリーズは下期にSE・介護士・行政書士・臨床心理士・速記者をモチーフにした五タイトルを一気に出す予定なんです
ええ!?
来年以降もどんどんリリースしてシリーズの方向性をより明確にしようかと
闘職シリーズはゲームの楽しさと同時にその職業のマニアックな知識もウリです
闘職シリーズ
ウチの会社は人材派遣や資格取得の事業もやっているのでコアな情報を集めやすいですし
タイトルを増やして職業辞典のように認知されれば他の事業との相乗効果も得られると考えているんです
なるほど!
実際にその職業で働いている人にこそ遊んでもらって
いかにリアルに描かれているゲームかということを宣伝してもらいたいのですが……
承知しました!それでしたら――

Targeting Advertisement
ターゲティング広告の実例とメリット
こちらのターゲティング広告がオススメです！
大変効率的なウェブ広告かと思いますし 年々成果も上がってきています
料金もお安くなっていまして……
どこに広告を出すかだけでは決めたくないんですよね
そういわずまずこの数字を見てください ターゲットを絞り込んだ結果……
この二つのグラフを比べますと……
……
……
より効果のある層に…
はっ…
尾括型の人は順を追っていくのが好きなタイプだからいきなり結論をつきつけてしまうと唐突だなと思って……
——あ

あの
今日うかがった話を一度持ち帰って
あらためてご提案させていただいてもよろしいでしょうか？
え
え？
なに言って
スッ
よろしくお願いします
そうね
よろしくお願いします
急がなくてもいいので新しい よりよい提案を期待しているわ
はい
……それともうひとつ
ズッ
弊社の代表は日本語の間違いをすごく嫌うので誤字脱字には気をつけてください
え？
あ――！
ペラ
大変失礼いたしました！

いえ 私はあまり気にしないいんですけどね……
会社の稟議《りんぎ》を通すときにうるさいのでご協力いただけたらと
あー
やっちゃったな……
奥田さん すみません
いえ
僕のほうこそ小山さんに任せきりで
書類も確認せずにすみませんでした
でも最後は笑ってくれてましたしきっとそんなに気にしなくても
プレゼンのノリもなあ
失敗した……

僕は昔から好きなものとなると周りが見えなくなっちゃうところがあって……
はぁぁぁぁぁ〜
ガクッ
大丈夫ですって
小山さんの〝闘職シリーズ愛〟は伝わったと思いますし……
そうかなあ
ズーン…
あ…そうだ！
『贋作ギャラリー』やってるんですけど本当に面白いですね！
でしょう!!
キュレーターがこんな仕事をしているとは全然知りませんでした
名画のピースを集めるミニゲームも秀逸ですし
うんうん
今開催している企画展でちょっと先がつまっちゃったんですけど教えてもらえますか？
あ…ここはね……
って！もうこんなに進んでるの!?

はは
お恥ずかしい
思いのほか
ハマっちゃって
……
……
奥田さんって
すごいです
よね
博宝社時代の
実績を鼻に
かけることも
ないですし
そんなこと
ないですよ！
僕も甘く考え
ていたところ
があったと
思います
でも 五十嵐さんに
提案書ダメ出しされて
気が引き締まりました
ああ…もう！
僕だけ
子どもみたいで
恥ずかしい！
…？
本当に
すみません
でした！
ガバッ
え？

実は僕奥田さんに勝手に対抗心を燃やしていたんです
元博宝社の人が新しく入るって聞いたときに「絶対負けない」って
以前ラセンビールを担当したとき初めて大手代理店の担当者と一緒に仕事をしたんです
そいつは本当に何も仕事をしなかった
そのくせ態度だけはでかくて
僕とさして変わらない年齢で五十嵐さんにタメ口で偉そうに話すのも我慢ならなかった
五十嵐さんはちゃんと敬語なんですよ?
そのことに不満を言ったら
ポン
それだけでこんな面白い仕事を自由にやらせてもらえるんだから感謝したほうがいいぞ
――って

ラセンビールがウチの実績として扱えないとわかったときも
「小山の実績にできなくて悪かった」って何度も頭下げられて
「でもこの仕事をやり遂げたという事実は変わらないから自信を持て」って
そもそも五十嵐さんと一緒に頑張った仕事で五十嵐さんのほうこそ悔しかったはずなのに
いいコピーだな
……
……そろそろ戻りましょうか
あ…すみませんつき合わせちゃって
いえ
五十嵐さんって尊敬できる上司って感じですよね
ピッ
ピッ
ピッ
ほんとにそうなんです
この人についていこうって思いました

大手広告代理店の
やつらなんかに
負けるかって……
ほんとごめんなさい！
みんなあんな人たち
ばかりだと
思っていたんです
いえ
そんな！
いいです
って！
早く通って!!
こちらこそ
何だか……
すみません
たしかに
博宝社にも
ごく一部ですが
そういう勘違い
している人は
いました
でも考えたら
僕もそういう人たちに
注意したことは
なかったし
見て見ぬふりを
していましたから
同罪ですね
ギュッ
そんなこと
ないですよ！
奥田さんを見て
いろいろ
思い込みだったと
気づきました
全然偉そうにも
しないし
気配りできるし
努力するし……
『贋作ギャラリー』に
ハマったっていうのも
きっと嘘ですよね？
え？

スマホゲーム
やったことのない人が
たった数日で
普通あそこまで
進められないです
今日の打ち合わせに
備えて慣れないゲームを
一生懸命頑張ったん
だろうなと
いやいや
それは違います！
ブンブン
面白くて
ハマったのは
本当ですよ
仕事のためなら
別にあそこまで
進める必要
ないですし……
プァァァー…
ただ 正直に
話してしまうと
若葉さんに
「権威トレンド」の
話を聞いて
このゲームに詳しく
なれば小山さんとの
距離がもっと近づくかも
しれないって
思ったのはあります
え……
そうだったん
ですか
ははは…
ガタン
ゴトン

どっちにしても すごいですよ 奥田さん
「権威トレンド」 僕も入社して間もない頃に 若葉さんに教わりましたが うまく実践できてないな
そういえば 小山さん
前に言っていた 若葉さんの秘密って なんですか？
ああ
ニヤリ
それは 僕の口からは 言えませんよ
え！
もったいぶらずに 教えてくださいよ
きちんと 観察すればわかるん じゃないですか？
そんなあ
奥田さんといえど 入社三カ月は 試用期間ですからね
本採用になったら きっと本人が 種明かし してくれますよ

あ…ひどい！
いいですよ
自力で
あててみせます！
お疲れ様です
お帰りー
戻りました
五十嵐さんは？
今日は一日中
出てますよ
秘密…
観察……
？
どうしました？

あ…
いえ……
スミマセン…
？
あ、
今日の打ち合わせどうでした？
Targeting
ターゲティング広告の実例とメリット
もう…だめじゃない
すみません
僕も書類を確認しなかったのがいけないんです
いえ…僕が奥田さんに確認させなかったんですよ
あら
いつの間にか仲良しになったんですね

内容についてはわかりませんけど正しい日本語のチェックならわたしがしましょうか？
うるさい人はほんとにうるさいですし
だてに総務の仕事長くやっていませんから
確かに
今日は五十嵐さんもいないし若葉さんにも見てもらえたら安心ですね
わかりましたあとでお持ちしますね
えー…
コホン
チェック！終わりました
興味は「沸く」ではなく「湧く」！
沸騰してどうするんですか
ここも間違ってますね
誤字脱字は論外として……
ズラー
ご教示？
ご教授？
湧く
興味が沸く
ご教授とご教示の違いとか
きちんと理解せずに使っていそうな言葉がところどころ目立ちますね
あとで役に立つビジネスマナーの本貸しますから
関係するところは読んでおくこと
小山さん返事は？
はーーい

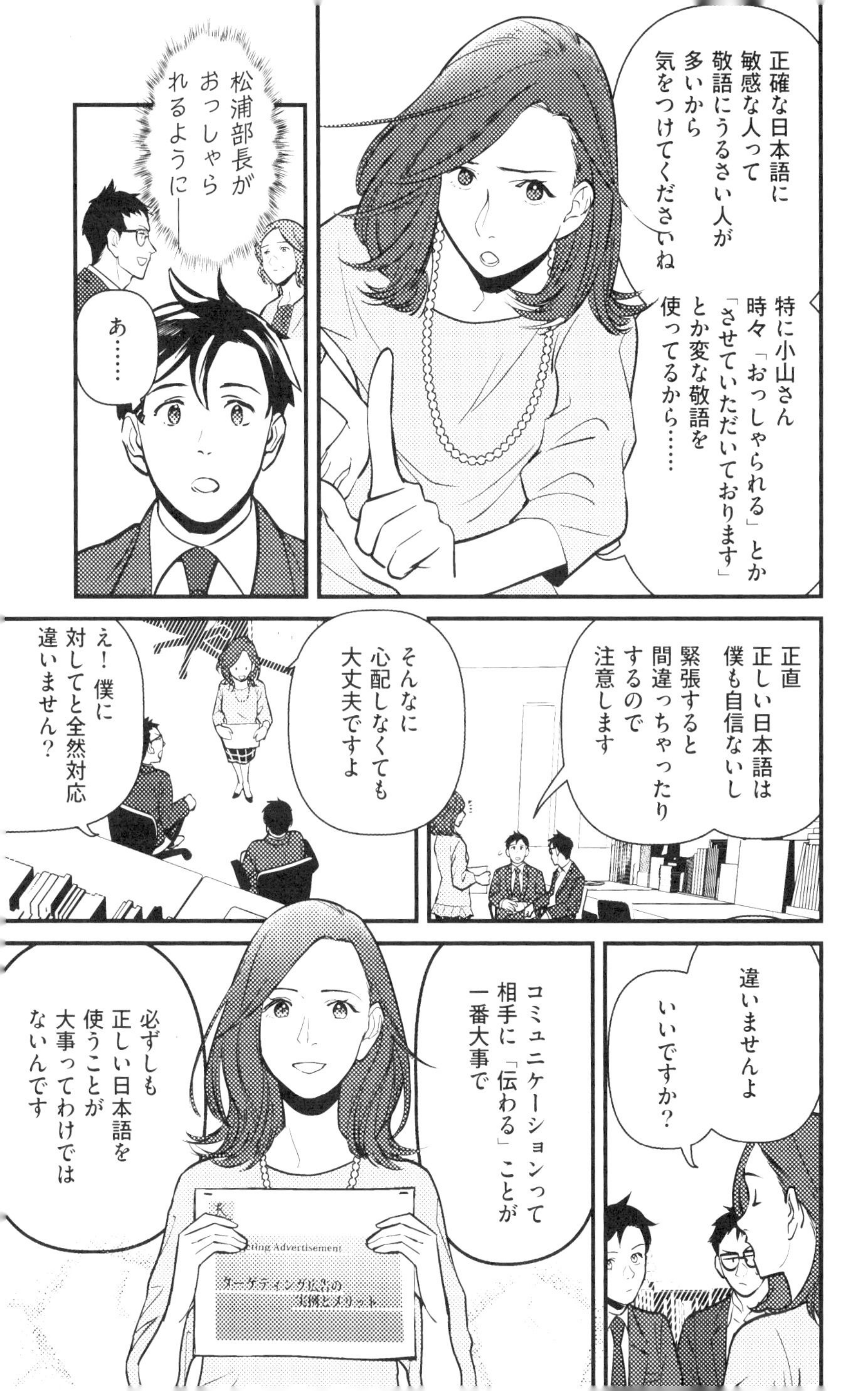
正確な日本語に敏感な人って敬語にうるさい人が多いから気をつけてくださいね
特に小山さん時々「おっしゃられる」とか「させていただいております」とか変な敬語を使ってるから……
松浦部長がおっしゃられるように——
あ……
正直正しい日本語は僕も自信ないし緊張すると間違っちゃったりするので注意します
そんなに心配しなくても大丈夫ですよ
え！僕に対してと全然対応違いません？
違いませんよ
いいですか？
コミュニケーションって相手に「伝わる」ことが一番大事で
必ずしも正しい日本語を使うことが大事ってわけではないんです

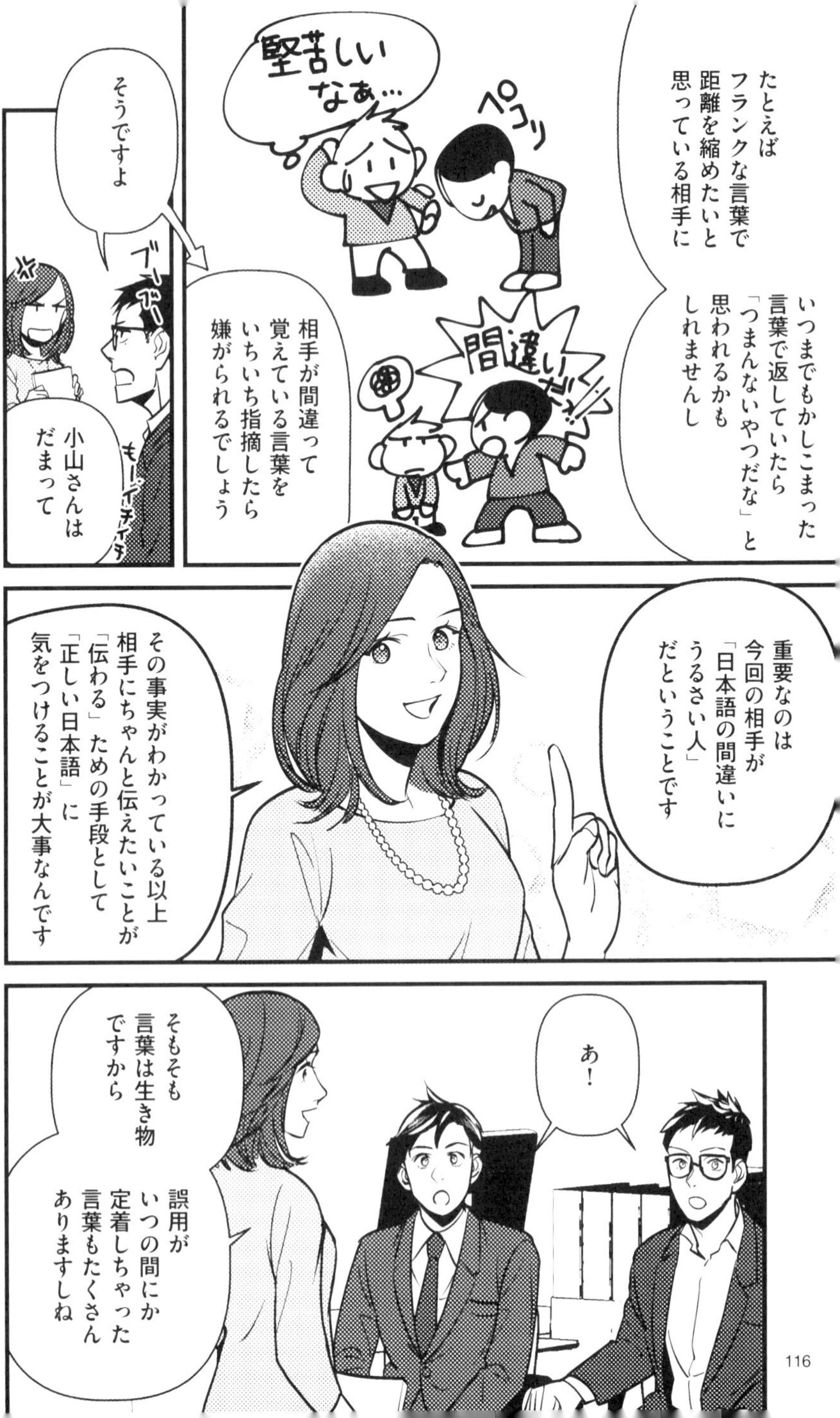
たとえば
フランクな言葉で
距離を縮めたいと
思っている相手に
堅苦しいなぁ…
ペコリ
いつまでもかしこまった
言葉で返していたら
「つまんないやつだな」と
思われるかも
しれませんし
間違いだ!!
相手が間違って
覚えている言葉を
いちいち指摘したら
嫌がられるでしょう
そうですよ
ブーブー
小山さんは
だまって
もーイチイチ
重要なのは
今回の相手が
「日本語の間違いに
うるさい人」
だということです
その事実がわかっている以上
相手にちゃんと伝えたいことが
「伝わる」ための手段として
「正しい日本語」に
気をつけることが大事なんです
あ!
そもそも
言葉は生き物
ですから
誤用が
いつの間にか
定着しちゃった
言葉もたくさん
ありますしね

大切なのは「正しい日本語を使うこと」ではなく
「相手と状況に合わせて自分の使う言葉を変えること」なんですよ
なるほど……
そういうことですか

そのためにはもちろん正しい日本語を知っていないといけないいんですけどね
でも奥田さんは対応がいいからきっと少しくらい敬語間違ってても大丈夫だと思いますよ
チラッ
……なぜそこで僕を見るんですか
小山さんは感じ悪いから人一倍言葉遣いに気をつけてっていう視線です
ひどい！後輩いじめ反対！
RRRRP
はい片桐企画でございます
ガチャ
お世話になっております
すみません五十嵐は終日不在でして……
はい？
あ

すみません
はい
あの…はい　わかりました
はい　折り返し　必ず……　あ
どうしたんですか？
はい…あの
外山製作所の山倉さんからのお電話だったのですが……
外山製作所…？

【解説】

「聞く姿勢」と「正しい日本語」で相手の信頼を得よう

「聞く姿勢」を示すことは相手を尊重しているという意思表示

権威トレンドについて頭に入れたところで、より実践的な話に入っていきましょう。

みなさんは、人と話をするときに、何を心がけていますか？

マンガのなかで、登場人物の小山が取引先で失敗していますが、これは尾括型の相手に結論を急いで話を進めようとしているだけでなく、そもそも「聞く姿勢」ができていないのが問題です。

人は聞いてもらいたがりの生き物ですから、コミュニケーションでは一方的に自分の話をするのではなく、まずは「相手の話をきちんと聞く」という姿勢を持つことが非常に大切です。

「聞く」という姿勢は、「この人は自分を受け入れてくれる人」であるという印象を与え、相手を尊重しているという意思表示にもなりますから、信頼につながっていきます。そもそも自分から話をして相手を楽しませることは、豊かな体験や知識、コミュニケーションのセンスがなければなかなか難しいことです。特に相手から能力を判断されるビジネスシーンではなおさらです。

よく、相手を退屈させるような話を長々として会話が盛り上がっていると勘違いする人がいますが、これでは信頼を得るどころか能力のない人間だと思われてしまいます。恋愛で失敗する人も一緒ですね。

ですから、まずは相手の話をきちんと聞き、その人にとって重要な関心事、つまり「権威トレンド」が何であるかを探

そういわず
まずこの数字を
見てください
ターゲットを
絞り込んだ
結果……

しましょう。これがわかれば、相手の心をつかむ道筋は見えてきますから、そこから話を展開することが可能になります。

聞いた話を覚えておき会話に連続性をもたせる

「聞く姿勢」を示すことができたら、あわせて「聞いた話を覚えておくこと」も信頼を得るために重要であると覚えておきましょう。本人から聞いたさまざまな情報、たとえば得意分野や趣味、出身地などを覚えておいて、次に会ったときに「先日○○とおっしゃっていましたが」と会話に連続性を持たせることで、相手は「自分のことを覚えてくれていた」と知り、あなたへの信頼をより高めるはずです。逆に相手が一度言ったことを忘れて同じことを聞いてしまうと、一気に信頼をなくしかねないので注意してください。

また、話を聞く際に注意しなくてはならないのは、相手に応じて自分の応対を変える必要があるということです。一般的なレベルの相手には基本的に肯定の姿勢で聞いていて問題ありませんが、優秀な人のなかには「相手の話を鵜呑みにするような人間は、自分の意見のないダメなヤツだ」と判断する人もいます。そういう人に対しては、要所要所に自分の疑問や反論も挟んでいくことが必要になります。

「正しい日本語」とは相手が使う言葉を使うこと

ここまで、主に心構えについて説明してきましたが、「話し方」を極めるには「きちんとした日本語」を使えることも最低条件です。

ただし、「きちんとした日本語」とひと口に言っても要素はさまざまです。正しい漢字の読み方やＴＰＯに合わせた常識的な挨拶、美しい言葉遣い、敬語の使い方など、時代を経て言葉が変化しても守るべきルールは多くあります。

反対に、間違ったまま使われている漢字の読み方、慣用句の使い方などもたくさんあります。たとえば「体調を壊す」（正しくは「体調を崩す」「体を壊す」）と言ってしまうなど、知っている人からすれば恥ずかしい間違いですが、それをわざわざ「誤りですよ」と指摘してもコミュニケーションがうまくいくわけではありません。「相手によって自分の使う言葉を変える」ということも、話をするうえでのコツなのです。

たとえば、砕けた態度で「全然オッケーっすよ」という言葉を平気で使う人に対しては、同じように返しても全然オッケーっすよ（笑）。丁寧な日本語ではなく、その相手と「同じ言葉」を使って話すほうがうまくいくのです。

なぜなら、この人物でいえば「美しい日本語を使う」ことに権威を感じていないので、言葉遣いを気にすることに意味がないどころか、丁寧な日本語を返せば相手は違和感と隔たりを感じ、かえって会話はぎこちなくなります。人によっては、自分が否定されたようにとらえるかもしれません。ですから、同じ言葉を使って話をしたほうがスムーズにいくのです。

正しい日本語を「知っていること」は話し方を極めるための前提条件

だからといって、正しい日本語を知る必要がないという話ではありません。第一に、目上の人に対して敬語をきちんと使い分けることは当然の常識です。一例を挙げると、上司に対して誰かが持ってきた手土産などを「おすそわけです」と渡してしまったことはありませんか？
「おすそわけ」という言葉は、漢字で「御裾分け」と書き、着物の余った裾を分け与えるという語源から来た言葉です。「御」がついているので丁寧語ではありますが、目上の人に対して使う言葉ではありません。年配の人ほどこうした言葉に敏感な人は多いですし、敬語の罠は数多くあります。
こうした敬語の問題に限らず、相手に合わせてその都度適した言葉を選択するには、前提条件として正しい日本語を知っている必要があるのです。
ビジネスシーンにおいては、毎日多くの人間関係をつくり出していきます。魅力的な相手と出会ったときに、その関係性を点で終わらせずに線で伸ばせるかどうか。それは、適切なコミュニケーションの積み重ねにかかってくると覚えておきましょう。

林修の

日本語集中講義 Part 1

社会人になると、なかなか日本語を学ぶ機会がありません。しかし、本書で何度も述べているように、正しい日本語を「知っていること」は非常に大切です。たとえば取引先などで誤った言葉を使った場合、指摘されることはなくても「常識を知らない」「教養がない」などと思われてしまう可能性があります。ここでは、間違えやすい漢字や慣用句について集中的に紹介しましょう。

読み間違えやすい漢字

首相	相殺	凡例
× しゅそう	× そうさつ	× ぼんれい
○ しゅしょう	○ そうさい	○ はんれい

いずれも簡単な言葉ですが、読み方を間違えて覚えている人が意外に多いです。つまり、それだけ誤って使っていたら「常識がないと思われる」言葉ですから、必ず覚えておきましょう。

他人事

× たにんごと

○ ひとごと

出生率

× しゅっせいりつ

○ しゅっしょうりつ

一段落

× ひとだんらく

○ いちだんらく

「他人事」や「出生率」などのように、頭の2文字を見ると別の読み方があるのに、3文字になると読み方が変化する言葉は誤って覚えがちです。しっかりチェックしておきましょう。

進 捗

× しんしょう

○ しんちょく

破 綻

× はじょう

○ はたん

粗利益

× そりえき

○ あらりえき

ビジネスシーンでよく使われる漢字ですが、誤った読み方をしている人が多い要注意単語です。取引先で間違えると大変恥ずかしい思いをする言葉ですから、注意しましょう。

依 存

△ いぞん

○ いそん

早 急

△ そうきゅう

○ さっきゅう

重複

△ じゅうふく

○ ちょうふく

どちらも○のほうが本来の読み方ですが、最近では辞書によって△の読み方を認める場合もあります。とはいえ、特に日本語にうるさい人と話す際などには意識しておきましょう。

難易度の高い漢字

強ち	あながち
論う	あげつらう
抗う	あらがう
詳らか	つまびらか
弄ぶ	もてあそぶ
蔑ろ	ないがしろ
徐に	おもむろに

漢字の語彙が豊富な人は、それだけで教養の深さを感じさせてくれます。ボキャブラリーのたくわえをできるだけ増やしていきながら、表現力を磨くようにしましょう。

恭しい	うやうやしい
拙い	つたない
甚だしい	はなはだしい
覚束ない	おぼつかない
夥しい	おびただしい
喧しい	かまびすしい やかましい
疚しい	やましい

形容詞として読み方の難しい漢字です。会話ではなかなか使うことのない言葉ですが、珍しい言葉ではありませんので、やはり知っておくべき読み方です。文章を読み上げるときなど、間違えないように注意しましょう。

言質　げんち

反故　ほご

恣意　しい

無碍　むげ

定石　じょうせき

漢名詞のなかでも難易度の高い言葉になりますが、これらはビジネスシーンでよく使われます。必ず習得しておきましょう。

■覚えておきたいその他の難読語

所謂　いわゆる

希有　けう

顚末　てんまつ

誂える　あつらえる

労る　いたわる

慮る　おもんぱかる

与する　くみする

眩む　くらむ

鑑みる　かんがみる

翻す　ひるがえす

怯む　ひるむ

綻びる　ほころびる

拗れる　こじれる

捗る　はかどる

些か　いささか

脆い　もろい

僅か　わずか

暫く　しばらく

即ち　すなわち

甚だ　はなはだ

斯くも　かくも

漸く　ようやく

悉く　ことごとく

姦しい　かしましい

間違えやすい慣用句

■言葉の誤用

× 酒を飲み交わす
○ 酒を酌み交わす

× 足元をすくわれる
○ 足をすくわれる

「酒を酌み交わす」とは、互いに酒をついだりつがれたりして一緒に飲むという意味ですが、似た「飲み交わす」という動詞と混同されることがよくあります。
「足をすくわれる」も、「足元をみる（みられる）」との混同から生まれた誤用ですが、近年では間違って使っている人のほうが多いようです。

× 取り付く暇もない
○ 取り付く島もない

× 愛想を振りまく
○ 愛嬌を振りまく

長く使われている間にさまざまな誤用が生まれ、当然のように間違えて覚えられている慣用表現というものも多数存在します。
「取り付く暇もない」という誤用は、「し」と「ひ」の混同から。「愛想を振りまく」も、「愛嬌」と「愛想」が意味も読み方も似ているために取り違えられて使われるようになりましたが、慣用句としては誤用です。知ったふりをして使っていると恥ずかしいので、気をつけましょう。また、「是否×（是非○）」、「折り込み済み×（織り込み済み○）」など、漢字を間違えやすい言葉も注意！

■意味の誤用

× 気の置けない人がいて心底疲れた

○ 気の置けない仲間との飲み会は楽しい

「気の置けない＝気を許せない」と誤用しがちなフレーズ。本来は「遠慮がいらない」「気を遣わなくていい」という意味になります。

× 情けは人のためならずというから、彼を甘やかしてはいけない

○ 困った人は助けてあげよう、情けは人のためならずだ

「情けは人のためならず」とは、「人に情けをかけることは、巡り巡って自分のためになる」という意味です。

× 彼は塾講師と家庭教師という二足のわらじを履いている

○ 彼は塾講師と俳優という二足のわらじを履いている

「二足のわらじを履く＝両立しえないような二つの職業を兼業する」という意味になりますから、同職種で使うのは誤りです。

× 彼の言動は破天荒すぎて場を乱す

○ 彼の破天荒な言動で道が開けた

「破天荒」には、「誰もなし得なかったことをすること」という前向きな意味が含まれています。現在では、「めちゃくちゃ」に近いニュアンスで用いられていますが、これは間違いです。

間違いやすい敬語

■社内

× いってらっしゃい
○ いってらっしゃいませ

× わかりました
○ 承知しました

× ご苦労様でした
○ お疲れ様でした

社内の日常会話でよく使うフレーズ。一見正しいように見えますが、誤用しがちな言葉です。上司の指示に対して「わかりました」と答えるのはビジネスの場ではNG。「はい、承知しました」「かしこまりました」と答えて、その後の指示を仰ぐのがベストです。

× お名前様
○ お名前

× おられますか？
○ いらっしゃいますか？

× 企画書を読まさせていただきます
○ 企画書を読ませていただきます

× 遠慮なくいただいてください
○ 遠慮なく召し上がってください

敬語を使う際に気をつけるべきは、「誰に対して敬うのか」ということ。たとえば、「いただいてください」の「いただく」は、相手を自分より下に置いてへりくだらせる言い回しとなります。このようにビジネスシーンでは、敬意の対象がズレていたり、二重敬語になることが多々あるので、気をつけましょう。

■取引先

× お約束はしていらっしゃいますか
○ お約束は頂いておりますでしょうか

× 課長に申し上げておきます
○ 課長に申し伝えます

× お休みを頂いております
○ 休んでおります

× わざわざ来ていただいて
○ ご足労いただきまして

× ～で伺ってください
○ ～でお尋ねください

社内の人間関係以上に配慮が求められる対外へのビジネスマナー。そのひと言で、会社の信頼度をはかられることもあるので誤用には注意したいところです。

■日常

× テニスをおやりになるのですか？
○ テニスをなさるのですか？

× 旦那様から奥様に差し上げてください
○ 旦那様から奥様にお渡しください

× かわいい犬でいらっしゃいますね
○ かわいい犬を飼っていらっしゃるんですね

会話中に「お」や「ご」をつければとりあえず丁寧な言葉になると考えている人がいますが、「やる」に「お」をつけても尊敬語にはなりませんから気をつけましょう。また、その場にいない第三者が入る場合も難しいので注意してください。「旦那様から奥様に差し上げる」では、奥様に対して謙譲していますが、旦那様への敬意が含まれていないことになります。さらに、持ち主に対して尊敬語を使うつもりが、動物や物に尊敬語を使ってしまう間違いも見られます。

COLUMN

「了解致しました」を使うのは失礼？

最近のビジネスマナーの世界では、目上の人に対して「了解致しました」は失礼だとする傾向があります。

社員研修やビジネス本では、「了解致しました」は失礼であり、「承知致しました」や「かしこまりました」を使うように指導するところが多いようです。

しかし、実は「了解致しました」は謙譲語になっています。「了解」は「事情を理解する」「了承する」ことを意味する名詞であり、これに謙譲語である「致す（致しました）」がついたものが「了解致しました」です。敬語として間違っているわけではありません。

「了解致しました」が避けられるようになった原因は、おそらく「了解」という言葉が持つ語感にあります。「了解」は軽く感じるため、敬意を感じないという人がいるようです。なんともあいまいで主観的なものではありますが、語感で印象が変わってしまうのなら、ビジネスシーンでは無視できません。

理由はさまざまですが、言葉というものは、時代とともに受け止められ方が変わっていくものです。「了解致しました」は本来、目上の人に対して使っても失礼な言葉ではありませんが、そう受け止める人が増えている以上、やはり「承知致しました」や「かしこまりました」を使うほうが無難でしょう。「正しい」言葉遣いとは難しいものですね。

第4章

「コアタイム」とクレーム対応

え
外山製作所の山倉さんから？
はい…五十嵐さんとすぐに会って話したかったみたいで
終日不在と伝えたら怒り出してしまって……
山倉さんって自分勝手なところがあって突然呼び出すんですよ
不在っていうだけで怒り出すような人なの？
うーん さすがにそれはないと思いますが……
提案書がどうとか急に話し始めて……
提案書？

よくわからず聞き返したのも気に入らなかったみたいで
ガタッ
急に怒らせてしまいましたすみません……
いえ
提案書なら僕のせいかもしれない
五十嵐さんに電話してもらえる？
はい
奥田さんは提案書読み返してみてください
五十嵐さん通じないです
今頃きっと大阪で打ち合わせ中だと思います
戻りは夜遅くなるって言ってたし
今日はなかなか連絡とれないんじゃないかな……
……
どこがいけないんだろう
奥田さんそんなに気にする必要ないですよ

山倉さんって思い込みが激しいんです
明日五十嵐さんに任せたら大丈夫ですよ
小山さん！
そういう人なら余計に早く対処しないと
五十嵐さんがいないと何もできない会社って思われちゃう
それはそうかもしれないですが……
いいですか人によってできるだけメールで済ませたいという人もいれば
直接会って話したいという人もいます
『いつ』『どこで』『どういう方法で』伝えるかってすごく大事です
今回でいえばクライアントは今すぐ会って話したいのにいつになるかわからないとなればどんどんイライラしていきます

それは「聞く耳を持たない」相手になってしまうということです
プイ
なるほど……
だからっていつも相手の急な要望には合わせられませんよ
もちろん
ただクレームにつながりそうなときはできる限り対応したほうがいいし
五十嵐さんとすぐ連絡がとれないなら
とりあえず早めにお詫びの電話だけでも入れておいたほうがいいですよ
僕すぐにアポとって行ってきます
僕はこのあと別の打ち合わせが入っているので難しいです……
じゃあ私が一緒に行きます！
え
若葉さんが⁇

いえ 一人で大丈夫ですよ
若葉さんの時間ももったいないですし……
奥田さん ウチはこういうのは常に複数であたるようにしてるの
一人のほうが効率的に見えるけど
複数の目で初めて気がつくことも多いし
真面目な人ほど何かあっても一人で抱え込んで情報が止まってしまいがちだから……
シュッ
それに怒っている相手には異性も同行したほうがうまくいくことが多いの
もちろん人によるけどその場に男女両方いたほうが冷静でいられる人って意外と多いんですよ
確かに 職場でもそうですものね
小山さんみたいに女性の目があると格好つけて大人ぶりたい男性もいますから
ちょっと なんで僕なんですか！
今 社内で動けそうな女性は私くらいですし一緒に行きますよ
……
わかりました ありがとうございます

SOTOYAMA
外山製作所
急に来てもらって悪かったね
本当は五十嵐さんと話したかったんだけれど……
そちらは?
失礼いたします
奥田の補佐をしている森と申します
こちらつまらないものですが……
これイルフェボンのタルトじゃない!
並んだでしょう?
いえいえ
……

すみません
私が好きな
もので……
おいしいよね
若葉さん
これを買うために
僕より先に
出たのか……
このたびは
すみません
何か問題が
ありました
でしょうか
奥田さんに
考えてもらった
提案書だけどね
広告に先立って
早速営業かけて
みたんですよ
介護系の事業者に
そうしたら
全然だめ
すみません
すぐには難しいかも
しれませんが
長い目で
考えたときに……
ウチだって
そんなに
簡単にいくとは
思ってないよ
でも高すぎるって
言うんだよ

中小の介護事業者なんてどこもお金ないから
サービスをよくするためならまだしも
自分たちが使う机なんかにお金かけられないって
でも 自分たちの働く環境をよくしてこそサービスもよくできると思うんです
そんなこと僕に言われたってねえ!
彼らが求めている値段はウチの想定価格の半値以下だよ!
従業員の家族にも介護事業者がいたから聞いてもらったら
ネットで一番安い中古を買ってるって言うんだよ
ウチは安さをウリにしているわけじゃないから
これじゃいくらロットを増やしたって赤字になる
あなた本当にリサーチしたの?
本当にすみません!
すみません!!

五十嵐に報告して三人であらためて代替案を考えたいと思います
反響のないところに広告出したって仕方ないからね
だいたいウチの新モデルはOA機器の使いやすさもウリのひとつなのに
それも生かされてないじゃない
SOTOYAMA
すみません……
リッチヌードルを手がけた人っていうから期待したのに
お金かけなきゃ何もできないんじゃないの？
方向転換して広告制作間に合うの？
ぎゅっ

お恥ずかしい限りです
早急に取り組んで必ず間に合わせます
頼むよ まったく
もう!
ムカつく――!
すみませんでした……

僕が浅はかでした
ネットの情報ばかり頼りにしてしまって……
だからって向こうもいいと思って営業かけたんだし
いくらなんでもあんな言い方しなくたって！
キィーッ
すみません気を遣ってもらって……
今日若葉さんに来てもらって助かりました
僕一人だったらもっと怒らせてしまったかもしれない
ああいうときは謝って相手の話を聞くことに徹しないと
どんどん「聞く耳を持たなく」なっちゃう人が多いですからね……
すみません

それと イルフェボンの タルトもいつの間に！ って感じでした
あれは 小山さんに聞いたら 山倉さんが甘いものに 目がないっていうから 女子社員も 多いみたいだし 喜んでくれると いいんだけど……
僕なんか 手土産のことなんて 全然頭になくて
手土産は あれで怒りが 少しでも収まったら もうけもの―― くらいのもの ですけどね
なんにしても ここは別の提案を 早く出して ギャフンと 言わせたいですね
えー…
自信ないな……
なに弱気なことを 言ってるんですか！

クレームがあったときって実はチャンスなんです
対応がうまくいくと余計にいい印象が強く残るんですよ
そうなんですか?
そうなんですよ!
いいじゃないですか! もう定時の18時過ぎてますよ
でもまだ仕事が……
奥田さん働きすぎです!
ビシッ!
さ! せっかくだから飲みにでも行きましょうか
え??

こういう日に飲まなくてどうするんですか
昭和居酒屋
ガヤガヤ
はーーっ
プハーッ
おいしい!!
空。
どんっ

……若葉さんて酒豪なんですね
そんなことないですよー
あ…生もう一杯くださいい！
なんだかすごくレトロな居酒屋で楽しいですね
あ！こんなところにキンケシが
キンケシ??
それにしても今日は本当にすみませんでした
もーいいですって
いつまでそんな顔してるんですか
奥田さんって意外とネガティブですよね
すみません
あ！またすみませんって
そうだ奥田さん
ポジティブゲームしませんか？
ポジティブゲーム？

ネガティブな言葉を
ポジティブな言葉に
置き換えるんです
『理屈っぽい』
ネガッティブ
『理論的』
ポジッティブ
たとえば、
『理屈っぽい』なら
『理論的』
『優柔不断』なら
『慎重派』
面白いですね
でしょ！
じゃあ
わたしから
負けたほうが
おごること！
『神経質』は
なんでしょう？
『神経質』
ん――…
……
難しいですね
答えは
『几帳面』！
『几帳面』
なるほど
じゃあ僕は…
『頑固』は？
『意志が固い』！
『ずる賢い』
は？
え…
『賢い』とか？
ブブー
『要領がいい』！

じゃあ『だらしない』は？
『おおらか』っ！
『脇が甘い』は？
えー
わからないな……
『情に厚い』！
ブブーッ
すごい っていうか正解 若葉さんしか知らないんですから ずるいですよ！
あ ばれましたか
奥田さんの負けーッ！
えぇぇぇ～
でもこうやって ポジティブな言葉に 置き換えると
元気が出て きますよね
え
あ…

確かに！
でしょう？
自分に対しても相手に対してもネガティブなワードが浮かんだとき
ポジティブな言葉の言い換えをすると前向きに変えていけたりしますよ

どうしました？
いえ
若葉さんって本当にすごいんだなあと思って
考え方がいつも前向きで
僕なんかよりきっと広告の仕事も向いていると思います
いえ広告に限らずどんな仕事だって……
いやいややめてくださいよ
…？
私にできる仕事なんて
ほんと限られているんですから

ホッピー
たばこ
大正アイス
若葉さん？どうしました？
パッ
というわけで！
…!?
昭和居酒屋
たばこ
今日は奥田さんのおごりでどんどん飲みましょう！
すみませーん生もう一杯！
えー！

【解説】

「いつ」「どこで」「誰から」伝えるか考える

まずは相手の「コアタイム」を知ること

社会人として長く働いていれば、必ず上司や取引先の相手に、お願いごとをしに行ったり、謝罪に行ったりする機会にたびたび遭遇すると思います。

そのとき、「どういう言葉で伝えたらいいか」は、もちろん大切なのですが、それ以前に「いつ」「どこで」伝えるべきかということも考えなければいけません。

まず、「いつ」伝えるかについては、相手の生活のなかの「コアタイム」を知ることが大切になります。

コアタイムとは、勤務中に相手が大事にし

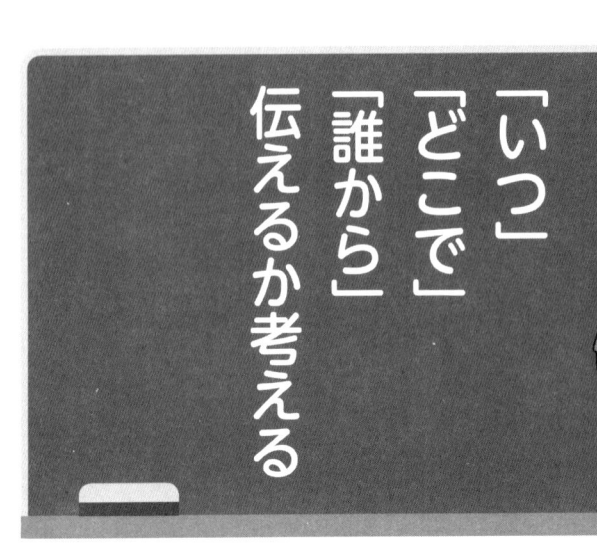

ている時間のことです。これは人によってまちまちで、たとえば始業前に出社して定時に帰るタイプは、オンとオフの切り替えが明確な人ですよね。そういう人は「会社に遅くまでいるのは能力のない人間だ」と考えている傾向が強く、オンの時間に話をしに行かなければ聞く耳を持ってもらえないでしょう。特に午前中に集中して効率よく仕事を進めたいと考えている人が多いでしょうから、その時間帯を目安に話をしに行くのがベストです。

一方、朝は遅刻しがちだけれど夜遅くまで残業していくようなタイプの人には、わざと残業しているときに相談をしたほうがいいかもしれません。すると、「お前も遅くまで頑張っているな」と思われ、聞く耳を持ってもらいやすくなります。こういうタイプの人は、朝はあまり機動力がないことが多いため、午前中に行くと「ちょっと後にしてよ」と言われる可能性が高いでしょうね。

そのほかにも、短時間集中の細切れタイプや、メールの返事を書いているときは何も耳に入らないタイプなど、それぞれの相手の勤務スタイルをしっかりと観察し、今であれば聞いてくれそうだなと思う時間＝「相手のコアタイム」に切り込んでいくことが非常に重要になってきます。これを間違えてしまうと、聞く耳すら持ってもらえない確率が高くなりますから、しっかりと見極めましょう。

伝える場所は「アウェイ」で

では次に「どこで」伝えたらいいでしょうか？

正解は相手のホームとなる場所、つまり自分にとっての「アウェイ」がいいでしょう。

たとえば、商談にのぞむ場合は、必ず相手の会社へ行って話をするべきです。なぜなら、相手にとって自分の会社は安心できる場所ですから、気持ちに余裕が生まれ、「まあ、聞いてやろうじゃないか」という状態になりやすいのです。これは、あなたに権威を認めているのと同じ状況といえます。

さらに、もし相手がどうしてもあなたの話を聞いてくれない場合の手段として、第三者から伝えてもらうという方法もあります。

たとえば、学歴を重視するタイプの取引先がいるとします。こちらの提案をのんでもらうために説得力を持たせたい場合、高学歴の部下を同行させ、話をさせることで相手は話を聞くようになるのです。

押しが強いタイプには同様の人を、女性好きの人には女性社員を同行させる、という具合です。つまり、相手が明らかに権威を感じるタイプの上司や後輩の権威を利用するのです。

自分に責任がないときほど「簡潔」かつ「迅速」に謝る

マンガのなかで、クレーム対応の場面が出てきますが、相手が怒っているなら、まずは簡潔かつ迅速に謝りましょう。クレームが大きいほど「すぐに」「アウェイで」「直接会って」謝るのが基本です。

クレーム対応や謝罪の場面では、その人の本質や会社の信頼度がわかるとよくいわれます。謝罪は精神的な苦痛を伴いますから、謝意がなければきちんとした対応はできないからです。

上手に伝えるためには……
いつ？↓相手のコアタイム
どこで？↓アウェイ
誰から？↓相手が権威を感じるタイプ

なかには、「相手は怒っているけれど、自分に責任があるわけではない」ということもあると思います。そういうときには、できるだけ謝罪を回避したいと思いがちですが、逆にそういうときこそ謝り倒すべきです。責任の所在を明らかにするのは、相手の怒りが収まってからでも遅くはありません。そういう状況での潔い謝罪が、かえって後々の評価につながるのです。

また、マンガのなかでありましたが、相手によっては第三者を同行させるのも有効です。

密室で一対一になると怒りに歯止めがきかないという人もいます。その場に第三者の目があることで冷静になれたり、異性にはいい人に見られたいという思いから怒りがやわらぐ人もいます。もちろん、「関係ない人間を連れてくるな」と考える人もいるでしょうから、相手に合わせた人選を心がけましょう。

断るときは「努力した痕跡」を伝える

また、何かの誘いや依頼を断るときはどうでしょうか？

欧米と異なり、日本ではきっぱりと断ることがひどく嫌われます。できるだけ遠回しに断りますし、悪く思われるぐらいならイヤイヤ受け入れてしまう人もいるほどです。

そこで「社交辞令」というものが必要になります。つまり、断った本当の理由を伝えるのではなく、あくまで「不本意」でこうなってしまった、ということを伝える処世術です。

たとえば依頼を断る際に、理由はなんであれ「引き受けたかったけれど実力不足で……」「スケジュールがどうしても合わなくて……」と、本当は受けたかったけれど自分の意思ではどうにもならないというニュアンスで伝えることが大切になります。相手が拒絶されたと感じないように工夫することがポイントです。

また、「努力した痕跡」を伝えることも非常に重要です。断る前に、精一杯やれることはやったということを伝えて、「そこまでしてくれたなら仕方ない」と相手の気持ちがやわらいでくれれば成功です。

ここその場面のお詫び・断り・辞退フレーズ

身に覚えがなくても、相手が怒りを感じているとしたら、然《しか》るべき言葉を使って迅速に謝るべきです。また、上司やクライアントなどの依頼や誘いを断るときには、不本意さをどれだけ伝えられるかがポイントです。ここでは、基本的なお詫び・断り・辞退のフレーズを紹介します。

お詫び

心よりお詫び申し上げます

社会人の基本お詫びフレーズ。「詫びる」に「申し上げる」という謙譲語をつけた、よりきちんとしたお詫びの言葉です。さらに、かしこまった表現を必要とする場合は、「謹んでお詫び申し上げます」を使うと、真摯な謝罪の姿勢と受け止められます。

ご心配をおかけしました

損害だけではなく、心の負担を与えたときに使う言葉。「心配していただき、ありがとうございました」という感謝の気持ちを添えられる表現です。

お許しください

シンプルながら、さまざまな謝罪の場面で使われる言葉。「ご無沙汰をお許しください」「乱筆をお許しくださ い」「不義理をお許しください」のように、何に対する謝罪なのかを先につけてから使われることが多いフレーズといえます。

合わせる顔もございません

「相手の前に出られないほど恥じ入っている」という意味の謝罪の言葉。上司や取引先、目上の相手の前で、顔を合わせられないくらいに迷惑をかけてしまったときなどに、大変申し訳ないという思いを込めて詫びる表現です。「面目ありません」も同様の意味で使えるフレーズです。

ご指摘のとおりです

ビジネス上の不手際や間違いを指摘されたときや、問題点を示されたときに使う謝罪の言葉。「あなたの言うとおりで、弁明のしようもない」という気持ちを込めて使います。間違いに気づいたら、素直に認めることも大切です。

お恥ずかしい限りです

やや軽い失態の場合に使われることが多い謝罪フレーズ。取引先や上司に対してだけでなく、親戚や近所づき合いといった場面でも用いられます。

至りませんでした

自分の能力や気遣いが、一定の水準に達しないさまを謝る言葉。「こちらこそ至りませんで」「親のしつけが行き届かず、至らない娘ですが」など、社交辞令のように使うこともあります。

以後十分気をつけます

謝罪の言葉を締めくくる際によく使われるフレーズです。失敗をしでかして、上司や取引先に謝罪をするときは、まず謝りの言葉を述べ、このフレーズを使うと、相手からの叱責から解放されることもあります。

その他のフレーズ

- 多大なご迷惑をおかけして、心から申し訳なく存じます
- 申し開きもできないことです
- 肝に銘じます
- 陳謝いたします
- 幾重にもお詫び申し上げます
- 猛省しております
- まさにおっしゃるとおりでございます

断り

いたしかねます

断りのフレーズとはいえ、「できません」では身もふたもなく、相手にも失礼です。そこで、「自分の本意ではありませんが」という意味を込めた丁寧な断りのフレーズです。

あいにくですが

「具合が悪いことに」という意味の言葉。電話で断りを告げるときのクッション言葉としてよく用いられます。

今回は見送らせてください

「今回は」とつけることで、引き受けたい気持ちはやまやまだが今回だけは難しい、というニュアンスに。相手との関係を継続させたいという気持ちを伝えることができます。

なにぶんにも

断る理由を言い始めるときの定番フレーズ。「なにぶんにも、当社の力では」「なにぶんにも、状況が状況だけに」「なにぶんにも、私の知識不足で」などと理由を後につけて使います。

お役に立てず残念です

はっきりと断りつつ、相手の印象を損ねない言葉。こう言えば、「役に立ちたい気持ちはあるのですが……」というニュアンスを持ちます。

ほかもすべてお断りしており

相手だけを拒絶したのではなく、はじめからその事柄については受け入れるつもりがなかった、というニュアンス。相手も「それならば仕方ない」と諦めてくれるはずです。

精一杯努力したのですが

お客様やクライアントから頼まれごとをされていながら、期待に沿う返事ができないときに使う言葉。「精一杯努力した」とつけることで、尽力はしてみたがダメだった、と誠意を見せることができます。

なんとか都合をつけようと調整を試みたのですが

依頼された内容については問題がなかったが、スケジュール的にどうしても難しかったということを伝える断りフレーズです。

辞退

私より適任の方がおられます

社会に出たら、「私にはできません」という言葉は使えないと思ったほうがよいでしょう。しかし、「自分より向いている人がいる」と言えば、自分の損得ではなく、相手が得をするように検討したという誠意が伝わります。

大変光栄に存じますが私では力不足かと存じます

大役と思える役目を断るときによく使われる言葉です。「力不足」と自分の能力では厳しいとへりくだって謙虚に断る方法です。大役のほか、賞の受賞を打診されたときや協力、援助を申し込まれたときにも使います。

私のような若輩者にはとてもとても

「若輩者」とは経験が浅く未熟な人間の意味で、「弱輩者」と書く場合もあります。実際に年齢が若い人はもちろん、その仕事に対する経験が浅い場合には年齢に関係なく使うことができる言葉です。

私には荷が重すぎるかと

自分にとっては責任の重すぎる仕事や役目を頼まれたとき、自らの力不足を理由として断るときのフレーズ。「私にはもったいないことでございます」と同様の意味で、幅広く、丁寧な印象を与えながらへりくだることができます。

COLUMN

相手を低く評価するときのテクニック

ビジネスシーンでは、相手先や同僚、部下など、人を評価しなくてはならない場面が多くあります。

よい評価だけでなく、マイナスの評価を下さないといけない場合もありますから、相手から反感を買ったり、問題にならないように注意する必要があります。

相手を低く評価しなければならない場面では、「周囲を高く評価することで、本人の低さを暗示する」という方法があります。たとえば、「彼の能力はいまひとつだ」とそのままの低い評価を下してしまうのではなく、「周囲に非常に優秀なメンバーが多いから、彼も大変だろう」「今回の他社のプレゼンは、ずば抜けた企画ばかりだったな。次回は追いつけるように頑張ろう」などと、周囲の評価を高く設定することで、「それよりは低くても仕方がないよ」という言い方をしてあげるのです。そうすれば、評価する本人を批判するような印象を与えることはありませんし、本人に伝わったとしても問題ないでしょう。

ただし、ここで重要になってくるのが、比較する基準をどのレベルに設定するかで効果が変わってくるということです。この場合は、評価する対象よりも「かなり高い水準」を設けるといいでしょう。逆に、相手を高く評価して褒める場合には、評価する対象より少し高いところに設定するとよいでしょう。

第5章

プラスの感情表現

話はわかった
すまなかったな 認識不足だった
すべての責任は 俺にある
いえ! そんな
だがこういうときは 逆にチャンスでもある
チャンス… ですか?
権威トレンドの話 奥田もわかるか?
はい 若葉さんに教えて いただきました
実はチャンス なんです
あー
そうか 実は俺も若葉に 教えてもらった 言葉だけどな
え! そうだった んですか!?
意外と怖いもの 知らず……

今 山倉さんは「聞く耳を持たない」状態だ
だから当然「聞く耳を持ってもらう」ためのハードルは高くなる
少々のものを出しても「またダメじゃないか」と思われる
だが何も容姿や学歴で耳をふさがれているわけじゃない
一度の仕事の失敗で高くなったハードルはそのハードルを越える仕事の提案をすることで
「最終的にはいい提案をしてくれる会社」と思われて
逆に「この会社に任せれば大丈夫だ」と思ってもらえるようになる
なるほど
ただ そうなるために大事なことが二つある
一つは仮にこちらだけの責任じゃなかったとしても迅速にきちんと謝ること

これは大丈夫だな？
はい　大丈夫だったと思います
もう一つは急に上がってしまったハードルを必ず一度でクリアすることだ
一度で？
そうだ
ハードルが上がったときにそこに達しない提案をすると
「やっぱりこの会社はダメだ」と思われる
言い換えれば片桐企画に対する権威トレンドが低下し固定化されてしまうことになる
だから次が大事なんだ
わかりました
きっちりいいものを提案できるよう俺も考えるから協力してくれ
はい！

PRRR
ところで大阪出張はどうでしたか？
ん…ああ
ここに行ってきた
タッチパネルメーカーですか
スマホやPCが頭打ちになりそれ以外への活用を積極的に進めているそうだ
たとえば自販機の販売パネルとか
ウチと取引のある会社で協業してくれそうなところがあれば紹介してほしいと言われたよ
協業……

五十嵐さん それこそ外山製作所を紹介してはいかかでしょう?
OA機器との連動にも注力してるみたいですし……
外山製作所?
ふむ 机とタッチパネルか……なくはないな
いやっ…でも
今の状況で その提案はやめたほうがいいですよ
新モデルを出したばかりなのにさらにお金のかかる提案なんてしたら山倉部長になんて言われるか……
提案するにしても問題をクリアしてからだが長期的な目で見れば考えてみるのもアリか……
ふむ…
それはそうだな
……

小山
カクプスの
案件のほうは
どうなっている?
あっ
すみません
今 資料をまとめ直して
いますが なかなかこれと
いった新しい案が
思い浮かばなくて……
いくら
クライアントが
「急いではない」
と言っていても
油断するなよ
すぐにできなくても
連絡は定期的に入れて
クライアントと一緒に
考えていくことが
大切だからな
すみません
奥田は外山製作所の案件
小山はカクプスの案件
を中心に
二人で協力しながら
再度考えてみてくれ
ガッ
はい!

どうするのが
一番効果的だろう
ピンチを
チャンスにする
方法……
チラッ
ハッ
じー…
きっ…企画の
練り直しのために
見ているだけで
遊んでるわけじゃ
ないですからね！
わかってますよ
それにしても
広告と
一部ユーザーの
課金だけで
こんな面白い
ゲームが無料で
できちゃうん
なんて……
それを言ったら
我々の仕事はみんな
そうじゃないですか
子どもの頃
テレビ番組の制作費が
CMでまかなわれていると
知ったときはほんとに
びっくりしましたよ
…いい仕事してますね
鑑定中
そうなんですけど
ゲームと結びつかな
かったんですよね

今じゃレシートにも普通に広告が入る時代ですから
探せばまだまだ広告を入れられる場所はありそうですよね
——あっ!
ガタッ
机は!?
机はどうでしょう!
えっ?
また外山製作所の話ですか?
だからあそこに今お金のかかる提案は……
スポンサー?
スポンサーを集めればいいんです!
はい!
たとえばレンタル机にして広告の入った机は利用者が無料になれば介護事業者も使ってくれるのでは?
レンタル机!? 広告の入った机って!
さすがにそれは……

タッチパネルを搭載して机自体もネット環境につなぐんです
そこにデジタル広告やタイアップ記事が更新されるタイプなら違和感ないと思いませんか?
ネット広告を出している企業とかスポンサーも集めやすい
いやそれはすごい話ですけど……
面白そうだな
五十嵐さん!いいですよね
職種別に違う広告を流せばカクプスも興味を持ってくれるんじゃないいか?
あっ!!
ええ!?
なるほど闘職シリーズの広告には確かにぴったりかも!
介護職も出すって言ってましたし
オフィス机は使用者の属性が明確だしターゲット広告としては有効かもしれんな

いきなり無料は
難しくても
広告の出し方や
業種によって
半額モデルとか
2割引きモデルとか
段階をつけることも
できるかもしれん
はい
タッチパネルなら
広告の更新も
容易ですし
非表示で
使いたくなったら
正規の料金に
なるとか
ユーザーの要望に
あわせて柔軟に
設定しやすい
と思います
二人とも
本気ですか?
確かに面白いですけど
話が大きすぎて
さすがに外山製作所は
難しいと思います
けど……
小山も
知らないうちに
だいぶ保守的に
なったな
さっきも
言ったように
この話だけ
もちかけるのは
NGだが
短期のしっかりした
提案と同時に
中長期展望として
この話も一緒に提案
できれば のってくれる
可能性は十分ある
そのためには先に
スポンサー探しも含めて
実現性が高いことを示せる
状況をつくらないと
いけないいけどな

小山は簡単な企画書にまとめてカクプスの反応を探ってみろ
あわせてほかにも興味を持ちそうなメーカーの洗い出し作業を頼む
奥田は机に広告を出すレイアウトパターンと
業種別のユーザー数から広告料金の試算をしてみろ
俺は早速タッチパネルのメーカーにもちかけて技術的にどこまで可能か相談してみる
さっそく行動開始だ!
はい!!
CAKPS

お茶飲みませんかーって…
ここを…
ここが…
CAKPS様
広告企画書
SOTOYAMA
外山製作所
様
提案書再案
広告としての机
及び
長期展開の展望
広告机
『AD-DESK』
レイアウトイメージ

よし いいだろう
はい！
まずはカクプス行ってきます
新しい企画書できたんですね
若葉さん！
読んでみますか？
いえいえ わたしはいいです
頑張ってくださいね
はい！
CAKPS様
広告企画書
SOTOYAMA
SOTOYAMA
CAKPS
CAKPS

ザッ
・広告机
『AD-DESK』
レイアウトイメージ

ふーっ
やったなあ！

山倉さん最後のほうかなり乗り気でしたね！
そうですね
IoT化も視野に入れた長期的プランの提案もよかったな
IoTはこれから注目の市場だ
いい提案だった
奥田さんのアイデアですね
いや思いついただけです
アハハ
お先ー
お疲れ様です
奥田はまだ帰らないのか？
はい もう少しやっていきます
そうか お疲れ様

若葉さん
ピクッ
はい？
？
まだ残っていたんですね
あの
プロジェクトうまくいきそうです
若葉さんのおかげです
いろいろとありがとうございました
いえ…私は何も
僕が入社した日早速失敗して残業して……
そのときに声をかけて助言してくれましたよね
あれから今日までいろんなアドバイスいただいて何度も助けられました
お役に立てたならよかったです
そういえば
若葉さんって総務部なのに残業すごく多いですよね
ひょっとしてあのときも僕が失敗したのを気にかけて残ってくれていたんですか？

あっ…変な意味じゃなくて！
ほら若葉さん優しいから――
違うわ
わたしは単に仕事が遅いから
そんなことないですよ
若葉さんの言うことはいつも的確だし
奥田さんはわたしを過大評価しすぎです
ピッ
え？
拡大コピーされた書類に……ルビ？
なんですか？これ
若葉さん目が悪かったんでしたっけ？
いいえ

わたし
ディスレクシアなの
ディス…
レク…
…シア……？
はい
学習障害の
一種で……
文字の
読み書き学習が
とても
できにくいんです
知能や視覚・聴覚には
問題はないんですけど
文字を読んだり
書いたりすることが
困難だったり

人によって症状は
さまざまで わたしの場合は
書かれた文字が重なったり
散らばったりして見えて
しまうというか……
とにかく
文字を読むことが
難しくて
特に新しい言葉となると
文字を拡大して
赤でルビを振って
時間をかけて読み込んで
やっと覚えることが
できる感じです
特に新《あたら》しい言葉《ことば》となると文字《もじ》を拡大《かくだい》して赤
振《ふ》って時間《じかん》をかけて読《よ》み込《こ》んでやっと覚《おぼ》えることが
ディスレクシアは
先天性のもので
わたしは子どもの
頃からこの症状に
悩まされていて
ほかの人と同じように
読み書きできないことを
知られたくなくて
隠れて必死に練習して
国語
そのことを
気づかれないように
人の顔色や様子を
うかがったり
自分は文字もろくに
覚えられないダメな人間
だと思い込んでいたし
周りのみんなから馬鹿に
されることも多かったの
みんなが
何を考えているのかと
観察するようになったり
できるだけ書かずに
話をそらして
ごまかしたり——

やがてディスレクシアの存在を知り自分がそうだとわかって
その障害とどう付き合っていくかを考えたときに
そうだ 読み書きが難しいなら会話でのコミュニケーション力をうんとつけよう
自分に合った努力をもっとしていこう——
それが話し方について人一倍注意するようになったきっかけです
それでも仕事となると難しいことばかりで
できるだけ書き文字を使わない仕事を……と探したけど
やっぱりディスレクシアのことを隠して就職しても失敗も多くて長続きしなかったりして
そんなとき居酒屋で一人ヤケ酒を飲んでいたら隣に座ったおじさんと仲良くなって
お姉さんいい飲みっぷりだな!
もういいやーって洗いざらいグチっちゃったら
それが片桐企画の社長さんだったの
え!

社長はディスレクシアのことを知っていて
隠す必要はないし隠して入ろうとするから自分がつらくなるんじゃないか？
でもやっぱり隠さないとなかなか雇ってもらえなくて
じゃあウチの会社で働いてみればいい
え？
まあ入ってだいぶたった今でも
障害のことはなかなか言えなくて……
そんなわけで人より書類整理に時間がかかるので残業しているだけなんです
いろいろ偉そうなこと言ってごめんなさい
本当は仕事なんて全然できないのよ
そんなことないです！

え
若葉さんは
仕事できなくなんか
ないです！
何よりも 自分は―
若葉さんのおかげで
何度となく
助けられました
今 僕がここに
いられるのは
若葉さんの
おかげです
若葉さんのアドバイスが
なかったら
僕はまた 一人で悩んで
ここから逃げ出して
いたかもしれません
若葉さんが
いろいろ抱えていたこと
全然 気づけませんでした
すみませんでした
でも
僕は悩んで
前の会社から
逃げ出しましたが
若葉さんは違う
ずっと抱えている
困難に諦めずに
立ち向かっている
今 このときも
若葉さんから
たくさんの
アドバイスを
もらっています

見えないところで努力している若葉さんのこと尊敬します
これからもよろしくお願いします!!
奥田さん……
むく
!
これも若葉さんが教えてくれたことです
心に響いた言葉です

『伝える』言葉ではなく『伝わる』言葉で
ウチの社訓ですよね
若葉さんにうまく伝わったでしょうか!?

――はい！
ありがとう
奥田さん――

【解説】
「褒めどころ」を見極めプラスの感情表現を磨こう

「認められたい」欲求に応える「褒め上手」になること

現代社会において、人間関係を良好に保つためには、「褒め上手」になることが大切な条件となります。特にビジネスシーンにおいては、取引先との話を盛り上げるために感心してみせたり、上司に好感を持ってもらえるように敬意を表したり、後輩のやる気を出させるために長所を探したりなど、「褒める」というコミュニケーションが仕事を円滑に運ぶための非常に有効な手段となるのです。

たとえば、後輩に「今日残業してもらえないか？」とお願いするよりも、「○○さんの案が欲しいんだ！　手伝ってもらえないか？」

と伝えたほうが、相手のやる気がプラスに働くはずです。
また、相手の話を聞くときにも、できるだけ褒め言葉を挟んでいくようにしましょう。単に「はい、はい」と聞いているよりも、「その話、すっごくよくわかります。かなりツボです！」などと少し大げさに共感を示しながら喜ぶことで、相手は話の内容に自信を持つことができ、会話はよりスムーズになります。
みなさんも経験があると思いますが、人には「認められたい」という強い欲求がありま す。それを満たしてくれる相手に心地よさを感じるものなので、「褒め上手」な人のまわりには自然と人が集まるのです。

嘘と思われたら逆効果！「褒めどころ」の見極めが大事

褒めるという行為は、日常のあらゆるシーンで使える大切なコミュニケーション法です。しかしながら、なんでも褒めればいいというわけではありません。誰にでも同じような褒め言葉を使っていれば、「ただの調子のいい人だ」「どうせ嘘だ」などと思われてしまい、かえって逆効果になります。誰でも気持ちのこもっていない、いかにもお世辞だと感じる言葉には不快感を感じてしまうものです。

つまり、いくら褒めても相手に「本心である」と伝わらなければ意味がないのです。これは、自分が本心で言ったかどうかは関係ありません。相手に「本心で言ったと伝わる」ように話す必要があるということです。

そのために大切になるのが、相手の自信のあるポイントや自己評価の高い点を探す、つまり「褒めどころ」をきちんと見極めることが挙げられます。これは、相手の「権威トレンド」を探す作業でもあります。

「第三者の前で褒める」ことで真実味が増す

会って間もない人を褒める場合は、相手をきちんと観察したうえで「外見的長所」を褒めるとよいでしょう。たとえば、「いい体格をしてらっしゃいますね。なにかスポーツをやっていらしたのですか?」「おしゃれな服! センスがいいですね」といった具合です。

(1)相手の外見的に自信のありそうなポイントを褒める
・何を着てもお似合いですね
・センスがよいですね
・貫禄がありますよね（男性のみ）
など

(2)打ち解けてきたら内面を褒める
・物腰がやわらかですね
・気遣いが本当に細やかですね
・○○さんのお人柄だと思います
など

相手のことをよく知らないうちに内面を褒めることはできないはずですし、いきなり性格的長所を褒めると「外見的に褒めるところがないから」ととられてしまう可能性もあります。特に女性はそういうところに敏感です。内面を褒めるのは、相手と打ち解けてきてからの話で、嫌みっぽくならないよう、自然に褒めることが大切です。

　また、これは外見・内面ともにですが、相手のなかで自己評価の低いところを褒めてしまうことは危険です。言われた相手は嘘っぽく感じ、かえって嫌悪感を抱いてしまうことがあります。

　面と向かって褒めることが難しいときには、「本人のいないところで褒める」という方法も有効です。たとえば、AさんのことをBさんに対して褒めるのです。その結果、もし「○○さんはAさんを優秀だと褒めていたよ」という言葉が、Bさんを通じてAさんの耳に入れば真実味が増します。面と向かって本人を褒めるとどうしても嘘っぽくなってしまうという人は、「第三者の前で褒める」方法をぜひ活用してみてください。

また、逆に自分が褒められたときの対応も重要です。たとえば上司から仕事の結果について褒められたときには、「○○さんにこのチャンスを与えていただいたからこそです」など、その相手や周囲に対して感謝の言葉を返しましょう。これはいわゆる「褒め返し」という技術で、よい人間関係を築くための相乗効果をもたらします。

このように「褒める」ことはコミュニケーションを促進させ、仕事を円滑に進めていくうえで非常に有効な手段となります。褒め方をしっかり磨いて、人の心をつかめる「褒め上手」をめざしてみてください。

「ありがとう」はできるだけ多く プラスの感情表現はオーバーに！

よりよい人間関係をつくるうえで、褒めること以上に大切なことがあります。それは、

「感謝の心を持つこと」です。

人と人とのコミュニケーションは、「ありがとう」と言った分だけ距離が縮まり、関係がよくなります。ほんの些細なひと言に大きな効果があるのですから、普段から周囲の人に「ありがとう」をたくさん言うように心がけましょう。

また、感謝したときや感動したときなど、プラスの感情表現をするときは、自分で少しオーバーと思うくらい大げさにやってみることも大事です。そもそも日本人は、感情表現に消極的ですから、伝わりづらい傾向があります。プラスの感情は強く伝わった分だけ相手の心に響いて印象に残りますから、恥ずかしがらずに感情を伝えましょう。

人は本当に感謝されたり、喜ばれたりしたときのことは、なかなか忘れないものです。人の心をつかむことがうまい人は、このプラスの感情表現が非常に上手です。自分の記憶に残っている喜ばれた体験を思い出して参考にしてみてください。

心から「ありがとう」を伝えたいときに

相手に感謝の気持ちを伝える際、ただ「ありがとう」と言うだけでは気持ちのすべてを伝えきれないことがあります。ここで紹介するフレーズを覚えれば、相手や状況、いただいた厚意に応じた言葉の使い分けができるようになります。

心から感謝します

「心から」を付けることで、より深い感謝の気持ちを表現できます。また、深めのお辞儀をしながら述べると、体全体で感謝を表すことができます。

頭が下がる思いです

いつもお世話になっている相手に対して使うフレーズです。「感謝しています」「ありがとうございます」よりもさらに厚い感謝の気持ちを表すことができます。

望外の喜びです

「望外」とは、望んでいた以上によい結果であること。転じて、予想もしなかったいい知らせを聞いた際に用いるフレーズです。「今年、出世できるとは、望外の喜びです」などと使用します。

感謝のかぎりです

「かぎり」は「もっとも上」「上限」などの意味を持つ言葉。つまり、この言葉は最大限の感謝の気持ちを表す際に用います。「ギリギリのところを助けていただき、感謝のかぎりです」などと使うとよいでしょう。また、文章で使う際には、「深謝のかぎり」とするのが決まりになっています。

心から感謝を
伝えるべし！

お眼鏡にかなって光栄です

ここで言う「お眼鏡」とは、人の資質や物事のよしあしを見抜く鑑識眼のこと。自分がつくったものを褒めてもらったときや、気に入ってもらったときに使います。特に目上の人に対して使うことが多いフレーズです。

皆様のご支援に厚く感謝いたします

不特定多数の人に対する挨拶の際、定型文として使うことができるフレーズです。特にビジネスの会合などの挨拶時に、取引先やお客様に対して使うことの多い言葉です。

嬉しく存じます

相手の厚意に対して、丁重に感謝の気持ちを伝える言葉。目上の人に使うことが多いフレーズです。「○○していただき、嬉しく存じます」などと使います。ただ「嬉しいです」と言うよりも、丁寧な印象を与えることができます。ちなみに、少し時代がかった「嬉しゅうございます」という言い方もあります。

なんとお礼を申し上げればよいか言葉もありません

最大級の感謝を述べるときに用いるフレーズです。使うときは、心を込めてゆっくりと伝えるようにしましょう。人生において、そう何度も使う言葉ではないと思いますが、それだけに感謝を伝えるのには最適です。

全身で感謝の気持ち
を伝えよう！

格別のおはからいをいただきまして

特別扱いをしてもらったときに口に出したいフレーズです。大したことでなくても、このように述べることで大きな感謝の意を相手に伝えることができます。また、退職時に、お世話になった人たちに向けて使うことも多いようです。

ただただ、感謝申し上げます

この言葉のポイントは、「ただただ」というひと言。これを付け加えるだけで、これ以上ない喜びというニュアンスを相手に伝えることができます。目上の人から思いもよらないうれしい申し出があったときなどに用いるとよいでしょう。

痛み入ります

相手の親切な言動に対して、申し訳ない、恐縮であるといった気持ちを表現するフレーズです。「恐縮です」をより丁寧にしたニュアンスがあります。

身に余る光栄です

身に余るとは、処遇が自分の身分や業績を超えてよすぎる、過分であるという意味。お褒めの言葉をいただいたときや、評価をもらったときなどに用います。感謝と謙遜の気持ちを同時に表現するフレーズです。

○○さんのおかげです

誰かの力を借りて、事を成し遂げたときに用いるフレーズです。単に「ありがとうございます」と言うよりも、厚い感謝の意を伝えることができます。ビジネスシーンではよく使われる言葉です。

感謝の気持ちでいっぱいです

いくら感謝しても足りないぐらいに、感謝の気持ちを表したいときに使うフレーズです。祝いごとや仕事の一大プロジェクトなど、ここぞというときに使うと効果的です。

エピローグ

コミュニケーションの達人をめざして

わいわい
がやがや
えー
それでは
昭和居酒屋
わいわい
がやがや
たばこ
まずは
奥田が入ってからの
成果をまとめると
新規案件が7件
うち 継続した
長期になりそうな
案件が3件
外山製作所の机の
最新モデルの
プロジェクトも
順調に進み
年内に実現の
目処がついた
カクプスの
ほうも――
五十嵐さん！
長いです!!
その他スポンサ…
泡消えちゃい
ますよー
わかったよ
乾杯！
かんぱーい!!

奥田さん
試用期間も
終わり
あらためて
おめでとう！
ありがとうございます
いやぁー
よかったです
奥田さん！
これからもよろしく
お願いしますよ！
そういえば
奥田さん
秘密は
わかりました？
ほら
若葉さんの……
あぁ
はい
若葉さん本人から
聞きました

そうなんだ～ つまんないな
もうちょっと 楽しみたかった のに
ちょっと 小山さん！ つまんないって 言い方は ひどくないですか!?
ガタッ
ディスレクシアって 僕は全然 知りませんでした
は？
ディス レクシア？ なんの 話ですか？
小
え？
奥
お二人 ともーっ
なんの話 してるん ですかーっ!?
わたしも交ぜて くださーいっ！
お酌します♪
若葉さん！
あっ 奥田さん この居酒屋 覚えてますか？
はい 覚えてます！
わたしが選んだんです 昭和な感じが 気に入っちゃって
若葉さんの 秘密の話を してたんですよ
えっ
奥田さんにもう 言っちゃったん ですね
あーっ まあ…その話は またおいおい……
まあでも

どう見たって40代のシングルマザーに見えませんよね
どぱぁ
あぁっ
これで大学生の息子さんがいるっていうんだから……
……え？
プル
プル
…んっ
え？
プル
グググッ
っもお〜!! そんなことわざわざ教えなくたっていいじゃないですかっ！
ビールギリギリまでついでやるーっ!!
わい
わい
あははは
えっちょっ！あれ？
だってもう教えてもらったって
ガヤ
ガヤ
奥田さんもそんなにジロジロ見ないでください！
あ…
くるっ
クイッ
いいじゃないですか 若すぎるって褒めてるんだから

だいいち
女性の年齢を
ネタにするものじゃ
ありません！
ええ!!
えーっ
どうしたん
ですか
いつもだったら
自分だって
権威トレンドの
最終試験だとかいって
ネタにしてるくせに〜
え
権威トレンドの
最終試験？
ほら 若葉さんが
自分より若いと
思い込んで 彼女に
タメ口で偉そうに
接したりする新人が
いるんですよ
若葉さんもみんなも
意地が悪いから
すぐには教えないで
こういう場でさらし者に
したりするんです
あ！ ひどい
言い方!!
私は年齢なんて
気にしません
からねっ
誰にでも同じように
接しているつもりです！
それに若葉さんも
言ってたじゃ
ないですか
前に 僕が
好きな子の話で
相談したときに

相手との距離を縮めたいなら『自己開示』も大事だって
自己開示…ですか?
自分の弱みやコンプレックスとかを話すことは相手と親密になりたいというサインにもなるそうですよ
だから思い切って人にはあまり教えていないことを伝えてみたらって
まあ僕は伝える前に失恋しちゃいましたけど
わーわーわー!
わたしの話をするのはもう禁止です～!
お酌終わりっ!
五十嵐さんのところへ行ってきます!
自己開示――
自分の弱みやコンプレックスを話すことは――…

相手と親密に
なりたいという
サインにも――
ドキッ
小山さんは
知らなかった
ことを……
ポッ
ん？
なんですか
顔がゆるゆるに
なってますけど
さてっ
奥田さんも
試用期間が終わった
ことですし！
女性遍歴ぐらい
教えるべきじゃ
ないですかねーっ!?
彼女はいるのか？
いないなら
好みのタイプは？
さあはけ！
わーーっ!!
えっ
わははははは
ははははは

……若葉さん ほんとに 若いよなぁ
ですね
あの二人が 同い年とは とても思えない
ですね…
って ええーー!?
うむ
若葉さんと 五十嵐さんって 同い年 なんですか!?
となると 40代半ば!?
僕もしかしたら…… 若葉さんより 息子さんとのほうが 年齢近いんじゃ……
ん?
……
奥田さん ひょっとして 若葉さんのこと 好きになってました?
いいいいい いいいいえ そんな!!
あっ その反応は やっぱり図星だ!
まあ仕方ない ですよね
この会社に入ってくる 男は だいたい 若葉さんのこと好きに なっちゃうんだから
えっ じゃ…じゃあ 小山さんも
いやあ 僕は 最初から 子ども扱い されてましたから
好きな子も いましたしね
おいー お前たち!

知ってたか⁉ この店
キンケシが 置いてあるぞ‼
……キンケシ？
あ…そうか！ お前たちは 知らないか
俺たちの 子どもの頃 流行《はや》ったんだよ
いやあ 懐かしいな〜
この店 いいな！
——思い 出しました
以前 若葉さんも キンケシにすごく 食いついて いました……
本当に 同い年 なんですね……
そうかぁ 僕もやっぱり 子ども扱いかな……
まぁ のめ。
ポン
いーーや

「い～だ」って(笑)
——お子様扱い
かもしれないけれど
でも僕も 彼女に
負けないくらい
頑張ってみよう
仕事も
ほかの
いろいろも——
コミュニケーション力も
つけて
そのときは——
おーい
二次会行くぞーー!!
五十嵐さーーん!
主役が寝てますーー!!
なにぃーって!?

【解説】

話し方に自信を持ち伝わる言葉の好循環を

叱るときも真っ向から否定しないこと

いよいよ最後の講義です。

話し方を極めることは、ビジネスシーンはもとより、日常生活――恋愛も含めて、人生を豊かにしてくれるものともいえます。人が二人出会えばコミュニケーションが生まれ、その関係性においてお互いが楽しかったり嬉しかったりすれば、これに勝ることはありません。

相手の権威トレンドを探し、それに合わせて「伝わる」ように話すことが大事であることは、すでに説明したとおりです。

一方で、当然ながらビジネスシーンでは相

手に反論したり、部下を叱ったりしなければならないケースも出てきます。しかし、人間は真っ向から否定されるとプライドが傷つき、心を閉ざしてしまいます。相手の気分を損ねずに間違いを指摘するということは簡単ではありませんが、反論や否定の前には、とげとげしさを弱めるためのフレーズをきちんと付け加えることが大切です。

たとえば部下を叱る場合も、怒られ慣れていない世代には注意が必要です。このような相手には、まず一度褒めてからミスを指摘し、さらにその後もたくさん褒める「ホメ、注意、ホメ、ホメ」というやり方をおすすめします。

いくら正論で叱ったところで、本人にやる気が出ずに叱った内容が改善されないのであれば意味がありません。むしろできたところを褒めて自発的に頑張ろうと思ってもらうように誘導したほうが、業務の質も上がり、結果的にみなさんの得にもなるはずです。

「この前のプレゼンは本当によかったよ。でも、今回の企画書は前に比べて少しツメが甘く感じるな……。企画全体は面白いと思う！　やっぱり君に頼んでよかったよ」という具合です。

単に悪いところだけを指摘するのではなく、「ホメ」でサンドイッチして期待の言葉をかけてあげたほうが頑張れるのです。

「自己開示」と「返報性の原理」で権威トレンドを引き出す

ここで、マンガのなかで紹介した「自己開示」についても説明しておきましょう。

人は、そう簡単には、自身の弱みやコンプレックスなどを伝えることはありません。それをあえて自分から伝えることで、「私はあなたと親密になりたい」というサインを送ることができるのです。

これを受けた相手は、「自分のことを信用してくれている」と感じ、同じように返さなければいけないような気持ちになります。これを「返報性の原理」と呼び、マーケティングの世界をはじめさまざまなところで利用されています。みなさんも子どもの頃に、好きな異性や嫌いな同級生の名前を言い合い、距離が近くなった気がしたことはありませんか？これも自己開示と返報性の原理によるコミュニケーションです。

これまで、相手の権威トレンドを探すことが大事と説明してきましたが、うまくとらえることができなかったり、いつまでたっても距離が縮まらなかったりした場合は、思い切って自己開示を利用して相手の権威トレンドを引き出そうとしてみるのもいいかもしれません。

ただし、この方法は自ら弱みをさらけ出すわけですから、諸刃《もろは》の剣《つるぎ》でもあります。さして仲がいいわけでもないのに、重い告白をされたら逆に離れていく人もいるでしょう。相手との距離をはかり、開示する情報のレベルを少しずつ上げていくことが必要になります。

*

最後になりましたが、多くの人はコミュニケーションがうまくなると、自信が持てるようになります。相手の主張をしっかりと受け止め、伝えるべきことを、伝わる言葉で選べるようになると、人は自信を持つことができるようになるのです。さらに、自信を持って話すことで、一層相手に伝わりやすくなります。

本書をきっかけに、こうしたコミュニケーションにおける好循環を、ぜひみなさんにも実感していただけたら幸いです。

自己開示…ですか？
自分の弱みやコンプレックスとかを話すことは相手と親密になりたいというサインにもなるそうですよ
だから思い切って人にはあまり教えていないことを伝えてみたらって
まあ僕は伝える前に失恋しちゃいましたけど
わーわーわー！

林修の

日本語集中講義 Part 2

人には誰しも欠点がありますが、その欠点を本人に向かって言えば相手を傷つけたり反感を買ったりします。また、他人の欠点を本人のいないところで言うのも悪口を言っているようで品位を疑われます。

マンガの第4章で、ネガティブな言葉をポジティブな言葉に置き換える「ポジティブゲーム」というものを紹介しましたが、同じ特徴でもとらえ方次第でだいぶ印象が変わります。ここでは、そんなポジティブな言い換え例を紹介しましょう。

性　格

× 理屈っぽい　　○ 理論的

「理屈っぽい」と言うと小難しいことを言う偏屈な人という印象ですが、もともと「理屈」とは筋の通った考えを指す言葉。「理論的ですね」と言えば、褒め言葉にもなります。

× 優柔不断　　○ 慎重派

「優柔不断」と言うと、踏ん切りの悪さが先に立ってしまいますが、「慎重派」と言えばリスクを考え、それを回避できる人ということになります。

× 気分屋　　　　　○ 前言にこだわらない

気分によって発言や態度が変わる人は、悪く言えば「気分屋」ですが、頑固にならず状況に応じて意見を変えられる人でもあります。

× だらしない　　　　　○ おおらか

「だらしない」「締まりがない」というように、ルーズさや緩さを表す言葉は、「おおらか」と言い換えることができます。

× つまらない　　　　　○ 実直

面白みのない人を「つまらない」とそのまま言ってしまっては、あまりに救いがありません。「実直」と言えば、真面目さが強調されて好印象になります。

× 神経質　　　　　○ 几帳面

「神経質」と言うと細かくヒステリーな印象さえ感じられますが、プラスの意味で「几帳面」と言うと角が立ちません。

■その他の言い換え

× 八方美人 ↓ ○ 協調性がある	× ずる賢い ↓ ○ 要領がいい	× 頑固 ↓ ○ 意志が固い
× 気を遣いすぎる ↓ ○ 心配りが細やか	× 気が短い ↓ ○ てきぱきしている	× しつこい ↓ ○ 粘り強い
× まわりくどい ↓ ○ 説明が丁寧	× 脇が甘い ↓ ○ 情に厚い	× 冷酷 ↓ ○ 感情に流されない

態　度

× 態度がえらそう　　○ 堂々としている

「態度がえらそう」と言うと鼻持ちならない人物に感じますが、「堂々としている」と言えばどんな状況にも動じない、特に男性に対して使いやすい褒め言葉になります。

× 消極的　　○ 堅実

「消極的」とは、冒険をしない、いつも同じさまに見える人のこと。視点を変えると、地に足のついた、安心感のある手堅いタイプと言えるでしょう。

× 愛想が悪い　　○ 媚を売らない

「愛想が悪い」と言えば、付き合いが悪くマイナスの印象ですが、「媚を売らない」と表現すれば、それがその人の実直さやポリシーであると感じさせ、プラスの印象に変わります。

× 常識のない　　○ 常識にとらわれない

「常識がない」と言ってしまえばマイナスの印象ですが、「常識にとらわれない」と言えば新しいものを生み出す可能性のある人、というプラスのイメージに変わります。

× 行き当たりばったり　　○ 柔軟

「無計画」「行き当たりばったり」では、いい加減な生き様を想像させてしまいますが、「柔軟」と言えばその場に即した生き方ができる人と評価できます。

× 緊張感のない　○ 肩の力が抜けている

いつも飄々《ひょうひょう》としていて焦りがないように見える人は、仕事となると「緊張感が足りない」と思われがちですが、リラックスして平常心でのぞんでいるのかもしれません。

× 口うるさい　○ 丁寧に教えてくれる

細かいことまでうるさく指導してくる上司はうんざりしますが、「丁寧に教えてくれる」と考えれば「自分のためを思ってくれている」ととらえることもできます。

× 融通が利かない　○ 意志が固い

「融通が利かない」ということは、そこに確固たる信念があるとも言えます。それを長所だととらえれば、「意志が固い」と言い換えることができるでしょう。

× おしゃべり　○ 話し好き

「おしゃべり」と聞くと、うるさくて噂好きな人のイメージが浮かびますが、「話し好き」と言えば、上手に話ができる人という印象になります。

■その他の言い換え

× 一貫性のない
↓
○ 臨機応変

× 無口
↓
○ 聞き上手

× 諦めが悪い
↓
○ 不屈の精神

× 金遣いが荒い
↓
○ 気前がよい

× 無礼
↓
○ 物怖じしない

× ポリシーのない
↓
○ 君子豹変

× 自己主張のない
↓
○ 協調性がある

× 悪趣味
↓
○ 独特のセンス

× そそっかしい
↓
○ 行動が素早い

評　価

× うるさ型　　○ 面倒見がいい

小言が多く何にでも口を挟みたがるのが「うるさ型」。度が過ぎると困りますが、細かい部分まで気がつくのは長所のひとつ。「面倒見がいい」であれば、褒め言葉として使うことができます。

× 仕事が遅い　　○ 仕事が慎重

「仕事が遅い」と言ってしまうと、能力がないという意味にとらえられがちです。さまざまなペースの人がいますので、遅いのひと言で片づけてしまうのはよくありません。仕事が丁寧という意味で「仕事が慎重」と言い換えるとよいでしょう。

× 経験が少ない　　○ 発展途上

経験のない新人や異業種からの転職者を評価するときには、将来への期待を込めて「発展途上」という言い方がおすすめです。

× 部下に甘い　　○ 部下を信じている

部下にガツンと言えない甘い上司は、頼りなく見られがちですが、「部下を信じている」と言えば、人徳のある上司というイメージになります。

印　象

× つまらない　　○ 難しい

すすめられた小説や映画がつまらなかった場合、感想を求められて「つまらなかった」と答えては印象が悪いですし、無理に面白かったといえば嘘になります。そんなときは、「私には難しかったです」と謙遜しつつ答えるとよいでしょう。

× 古くさい　　　　○ 伝統を感じる

古いものを「古くさい」と評してしまえばそれまでですが、「伝統を感じる」と言えば歴史や味わいについての評価に。世の中には、年月を経た魅力や独自の変化を楽しむ人もたくさんいます。

× ありふれた　　　　○ 定番の

贈り物をいただいたけれど喜ぶポイントに迷ってしまったときは、「定番の○○だね」と言うとよいでしょう。さらに「使い勝手がよさそうですね」などと付け加えておくと相手への気遣いになります。

× 騒々しい　　　　○ 活気がある、にぎやか

レストランやバーで周囲が「騒々しい」と感じても、食事の席で文句を言うことは場の雰囲気を盛り下げることになりかねません。「活気がある」「にぎやか」と言えば、お店の空気感も違ったものに思えてくるでしょう。

■カタカナフレーズ

最後に、マイナス表現をポジティブな印象にかえるカタカナフレーズを紹介しましょう。これらはもともとが外国語から来ているため、日本人にとって意味の取り方が幅広くなるほか、洗練されたイメージを与えるものもあり、会話のなかでも重宝します。困ったときは、カタカナフレーズを取り入れて、マイルドな会話に変換していきましょう。

× 要領が悪い
↓
○ マイペース

× 強引
↓
○ リーダーシップがある

× 秘密主義
↓
○ ミステリアス

× 無謀
↓
○ チャレンジング

× ありきたりな
↓
○ オーソドックス

× 安物
↓
○ リーズナブル

× 気弱な
↓
○ ナイーブ

× 未熟者
↓
○ ビギナー

林　修(はやし・おさむ)

1965年、愛知県名古屋市生まれ。東進ハイスクール、東進衛星予備校の現代文講師。東京大学法学部卒。日本長期信用銀行に入社するも5カ月で退社し、その後、予備校講師となる。現在、東大特進コースなどの難関大学向けの講義を中心に担当。東進CMでのセリフ「いつやるか？ 今でしょ！」で大ブレイク後、テレビ番組のMCや講演会など、活躍の場を広げている。著書は『いつやるか？ 今でしょ！』『今やる人になる40の習慣』『林 修の「今読みたい」日本文学講座』『すし、うなぎ、てんぷら』ほか多数。小池百合子氏との共著『異端のススメ』（以上、すべて宝島社）も好評発売中。趣味は、野球観戦（主にMLB)、競馬、お笑い、シャンパン。

マンガ	ゆた
シナリオ・構成	越川三千雄(サイドランチ)、かんようこ
編集協力	サイドランチ
装丁	kumagaigrafix
本文デザイン・DTP	大沢 肇
編集	九内俊彦(宝島社)

マンガでわかる！ **林修の「話し方」の極意**

2017年2月24日 第1刷発行

監　修	林　修
発行人	蓮見清一
発行所	株式会社宝島社 〒102-8388　東京都千代田区一番町25番地 営業　03-3234-4621 編集　03-3239-0928 http://tkj.jp
印刷・製本	サンケイ総合印刷株式会社

ISBN978-4-8002-6127-4